Contents

W9-BYG-197

Student Activities Manual

Stéphanie Panichelli-Batalla
Aston University

Atando cabos

Curso intermedio de español
Fourth Edition

María González-Aguilar

Instituto Cervantes, París
École Polytechnique, Palaiseau

Marta Rosso-O'Laughlin

Tufts University

Prentice Hall
Boston   Columbus   Indianapolis
New York   San Francisco   Upper Saddle River
Amsterdam   Cape Town   Dubai   London
Madrid   Milan   Munich   Paris   Montréal   Toronto
Delhi   Mexico City   São Paulo   Sydney
Hong Kong   Seoul   Singapore   Taipei   Tokyo

Acquisitions Editor: *Donna Binkowski*
Editorial Assistant: *Gayle Unhjem*
Senior Marketing Manager: *Denise Miller*
Marketing Coordinator: *William J. Bliss*
Senior Managing Editor for Product Development: *Mary Rottino*
Executive Editor MyLanguageLabs: *Bob Hemmer*
Senior Media Editor: *Samantha Alducin*
Audio-Visual Project Manager: *Gail Cocker*
Development Editor for Assessment: *Melissa Marolla Brown*
Media Editor and Development Editor for Assessment:
   Meriel Martínez
Associate Managing Editor: *Janice Stangel*
Production Project Manager: *María F. García*
Art Director: *Leslie Osher*
Senior Art Director: *Pat Smythe*
Senior Manufacturing and Operations Manager,
   Arts and Sciences: *Nick Sklitsis*
Operations Specialist: *Brian Mackey*
Interior and Cover Design: *Ximena P. Tamvakopoulos*
Full-Service Project Management:
   Assunta Petrone, Preparé Inc.
Composition: *Preparé Inc./Emilcomp s.r.l.*
Printer/Binder: *Edwards Brothers Malloy*
Publisher: *Phil Miller*
Image Credit: *fotoluminate/Shutterstock*

Prentice Hall
is an imprint of

www.pearsonhighered.com

ISBN-10:
0-205-78447-X

ISBN-13:
978-0-205-78447-9

1 Hablemos de nosotros

■ En marcha con las palabras

En contexto: La familia española de hoy (Textbook p. 1)

01-01 ¿Quién lo dijo? Éste es el árbol genealógico de Paula. Adivina qué miembro(s) de la familia dijo (dijeron) cada una de las siguientes oraciones.

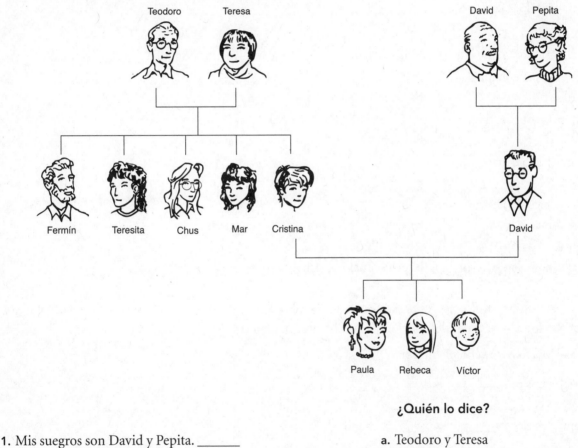

¿Quién lo dice?

1. Mis suegros son David y Pepita. _____
2. Mi esposo se llama Teodoro. _____
3. Nuestro yerno es muy cariñoso. _____
4. Nuestro tío se llama Fermín. _____
5. Soy rubio, como la abuela Pepita. _____
6. Tengo cuatro hermanas. _____
7. Soy hijo único. _____
8. Mi nuera es atrevida, como yo. _____

a. Teodoro y Teresa
b. David
c. Pepita
d. Cristina
e. Fermín
f. Teresa
g. Paula, Rebeca, y Víctor
h. Víctor

🔊 **01-02 ¿Mi hermano es mi primo?** Escucha las siguientes oraciones sobre la familia. Luego, decide si son *lógicas* o *ilógicas*.

1. lógica   ilógica
2. lógica   ilógica
3. lógica   ilógica
4. lógica   ilógica
5. lógica   ilógica
6. lógica   ilógica
7. lógica   ilógica
8. lógica   ilógica

🔊 **01-03 En familia.** Escucha la siguiente conversación entre Belén y Alba. Luego, selecciona la afirmación correcta según lo que escuches.

1. Héctor es...
   - **a.** el hermano de Belén.
   - **b.** la hermana de Alba.
   - **c.** menor que Alba.
2. Débora es la cuñada de...
   - **a.** Alba.
   - **b.** Belén.
   - **c.** Pepe.
3. Ana es la sobrina de...
   - **a.** Alba.
   - **b.** Belén.
   - **c.** Héctor.
4. Laura es la hermana de...
   - **a.** Ana.
   - **b.** Belén.
   - **c.** Héctor.
5. Los suegros de Héctor ofrecen...
   - **a.** comida.
   - **b.** ayuda.
   - **c.** su casa.
6. Pepe es...
   - **a.** el bisabuelo de Belén.
   - **b.** el bisabuelo de Alba.
   - **c.** el padre de Débora.

🔊 **01-04 La familia de Lucía.** Lucía habla con Jorge sobre su familia. Escucha la conversación entre los dos y completa las oraciones con la descripción de los distintos parientes.

MODELO: Mateo es el *hermano* mayor.

1. Inés es la _____.
2. Pablo es el _____.
3. Manuel es el _____ menor.
4. Juan es el _____.
5. Nelly es la _____.
6. Agustina es la _____.
7. Lucas es el _____.
8. Santiago es el _____.

01-05 Definiciones. El profesor de español intenta explicar algunas palabras relacionadas con la familia. Lee las siguientes definiciones y escoge la palabra que mejor complete las oraciones.

matrimonio	embarazo	monoparental	parientes
pareja	maternidad	amor	primogénito

1. El _____ es cuando una mujer espera un/a hijo/a.

2. La familia compuesta por un solo adulto, ya sea madre o padre, es una familia _____.

3. La unión que forma una pareja cuando se casa se llama el _____.

4. Los tíos, tías, primos y bisabuelos son nuestros _____.

5. Generalmente en Latinoamérica no existen los matrimonios arreglados por los padres. Las parejas se casan por _____.

6. Cuando dos personas deciden unir sus vidas, forman una _____.

7. El estado o la cualidad de madre es la _____.

8. El primer hijo que nace es el _____.

01-06 En otras palabras... Ana le explica a John algunos términos nuevos sobre la familia. Describe los siguientes términos oralmente en español.

MODELO: yerno
El esposo de mi hija es mi yerno.

1. divorcio

2. matrimonio

3. crianza

4. infancia

5. viudo

01-07 ¿Qué es? ¿Quién es? Escucha las siguientes definiciones y escribe la palabra que describen.

1. _____

2. _____

3. _____

4. _____

5. _____

6. _____

🔊 **01-08 ¿Quién es quién?** Escucha la descripción para identificar a cada personaje y luego completa las oraciones con los nombres correctos.

1. El abuelo paterno es
   a. Renato
   b. Elena
   c. Diego

2. La abuela paterna es
   a. Malena
   b. Silvana
   c. Beatriz

3. El abuelo materno es
   a. Renato
   b. Ricardo
   c. Marcos

4. La abuela materna es
   a. Elena
   b. Silvana
   c. Blanca

5. El hermano de Marcos es
   a. Ricardo
   b. Renato
   c. Diego

6. La esposa de Diego es
   a. Silvana
   b. Elena
   c. Malena

7. Las hijas de Diego y Silvana son
   a. Beatriz y Blanca
   b. Malena y Elena
   c. Malena y Beatriz

8. El tío de Blanca es
   a. Diego
   b. Ricardo
   c. Marcos

¡Sin duda! (Textbook p. 5)

01-09 Opiniones sobre la familia. El tema favorito de todas las familias es siempre la propia familia. Aquí hay opiniones de algunos miembros de la familia de Blanca. Escoge el verbo apropiado para completar las oraciones.

1. Yo creo que mis tíos (se parecen/parecen) mucho. Los dos son altos y rubios.

2. Mi madre dice que yo (parezco/me parezco) a ella.

3. (Se parece/Parece) que en todas las familias siempre hay alguien que se queja por todo.

4. Mi hermana mayor cambia de residencia cada dos o tres años. Ella (se muda/se mueve) mucho porque trabaja en una empresa internacional.

5. El próximo año, por ejemplo, ella y su esposo van a (moverse/mudarse) a Tailandia.

6. Yo soy muy distinta. A mí nadie (me mueve/me muda) de donde estoy. Yo vivo en la casa de mis padres al lado de la casa de mis abuelos.

Así se dice (Textbook p. 7)

01-10 Encuentros inesperados. Maribel y su novio Rafael se encuentran inesperadamente con Juan, el ex esposo de Maribel, en un supermercado. Forma una conversación lógica entre los tres, poniendo las oraciones en orden.

1. JUAN: Hola, Maribel. ¡Tanto tiempo sin verte! _____

2. RAFAEL: Encantado. Nosotros también queremos casarnos pronto. _____

3. JUAN: Pues… Sofía está embarazada y vamos a casarnos. _____

4. MARIBEL: ¿Van a casarse? ¡Qué sorpresa! ¡Ah! Te presento a mi novio, Rafael._____

5. JUAN: Mucho gusto, Rafael. _____

6. MARIBEL: Sí, mucho, casi dos años. ¿Qué hay de nuevo? _____

7. MARIBEL: Bueno, adiós, Juan, que te vaya bien. _____

01-11 Circunlocución. Escoge uno de los siguientes conceptos y descríbelo oralmente por medio de circunlocuciones. Usa expresiones como **es como, se parece a, significa que** u otras del libro de texto.

MODELO: El matrimonio
El matrimonio ocurre cuando dos personas deciden unir sus vidas.

1. La familia monoparental

2. La familia nuclear

3. La familia política

■ Sigamos con las estructuras

REPASEMOS 1

Describing people and things: Adjective agreement (Textbook p. 9)

01-12 Un primo creativo. Antonio tiene un primo muy creativo que usa adjetivos con las letras desordenadas para confundir a Antonio. Completa las oraciones con los adjetivos correctos.

MODELO: blédi: Mi abuelo tiene un carácter *débil*.

1. tiidsverdo: El tío y la tía son _____.

2. cualt: Mi madre es _____.

3. zosorepe: Mi padre no es _____.

4. osoriñac: Tengo un hermano _____.

5. renfemo: Yo estoy un poco _____.

6. jtous: Antonio, tú no eres _____.

7. durmasa: Mis sobrinas son muy _____.

8. cosoel: La prima Elena tiene un novio _____.

01-13 ¿Cómo son? Juan está describiendo a su familia. Completa las oraciones con la forma correcta de los adjetivos, de acuerdo al modelo.

MODELO: Mis abuelos son simpáticos.
          Mi tía *es simpática*.

1. Mi hermano es callado.

   Mis sobrinos _____.

2. Mis padres son sensatos.

   Mi suegra _____.

3. Mi madre es muy educada.

   Mi hermano _____.

4. Mis hijos son maduros.

   Mi hija _____.

5. Mi esposo es muy cariñoso.

   Mis primas _____.

6. Mis primas son muy flacas.

   Mi papá _____.

7. Mi suegro es culto.

   Mis parientes _____.

8. Mi cuñado es atrevido.

   Mi cuñada _____.

REPASEMOS 2

Discussing daily activities: Present tense indicative of regular verbs (Textbook p. 10)

01-14 Los derechos familiares. La familia de Antonio es muy unida y todos se ayudan mutuamente. Usa el presente del verbo apropiado para completar los párrafos siguientes.

dejar	mimar	desear	visitar	cuidar
llamar	trabajar	comer	llevar	creer

Nosotros (1) _____ a los niños de mi hija mayor. Ellos nos (2) _____ todos los días y nosotros los (3) _____ mucho y les (4) _____ hacer todo lo que ellos (5) _____. ¡Son unos niños tranquilos y cariñosos!

Ana, mi hija, levanta a los niños todos los días, ellos (6) _____ el desayuno y (7) _____ el almuerzo a nuestra casa. Yo no (8) _____ que Ana hable con los niños mucho porque ella (9) _____ durante el día, pero los (10) _____ por teléfono varias veces.

01-15 Cada familia es un mundo. Completa las oraciones con la forma correcta de los verbos entre paréntesis, siguiendo el modelo.

MODELO: Mis suegros nos *visitan* con frecuencia. (visitar)

1. Mi bisabuela _____ a sus parientes. (mimar)

2. Los niños _____ de los mayores. (aprender)

3. En nuestra familia nosotros nunca _____ nada. (compartir)

4. Sus abuelos les _____ hacer todo. (permitir)

5. Yo _____ a mis sobrinas los fines de semana. (cuidar)

6. Mi yerno no _____ la independencia de mi hija. (aceptar)

7. Mi cuñada _____ en el campo. (vivir)

REPASEMOS 3

Describing actions in progress: Present progressive tense (Textbook p. 11)

01-16 ¿Qué están haciendo los miembros de la familia? Una familia está de vacaciones en la playa. Describe lo que está haciendo cada persona. Escoge el verbo que mejor complete la oración según el contexto y rellena el espacio en blanco con el gerundio.

1. José y Luis están _____ (construir / salir) un castillo de arena (*sand castle*) con mucho cuidado en la playa.

2. El padre está _____ (elegir / leer) una novela política.

3. La niña pequeña le está _____ (beber / pedir) un helado a su madre.

4. La madre está _____ (dormir / hablar) porque está cansada.

5. Los gemelos van _____ (correr / crecer) al agua porque tienen calor.

6. El vendedor de refrescos anda _____ (gastar / vender) muchas bebidas frías por la playa.

🔊 **01-17 ¿Qué están haciendo?** La familia de Pablo es muy activa. Escucha y escoge la respuesta que describe lo que está haciendo cada persona en este momento.

1. a. Está tocando el piano.
   b. Está tirándose al agua.
   c. Está contando un cuento.

2. a. Está mirando la tele.
   b. Está llorando.
   c. Está cortando un árbol.

3. a. Está hablando con los padres.
   b. Está escuchando la radio.
   c. Está bailando.

4. a. Está riéndose.
   b. Está leyendo un libro.
   c. Está esperando el autobús.

5. a. Está cerrando la puerta.
   b. Está lavándose los dientes.
   c. Está duchándose.

6. a. Está lavando la ropa.
   b. Está cantando en la ducha.
   c. Está contestando el teléfono.

7. a. Está charlando con amigos.
   b. Está abriendo una botella.
   c. Está estudiando.

8. a. Está jugando al fútbol.
   b. Está bañándose.
   c. Está sirviendo una bebida.

Ventana al mundo

México, familia y empresas (Textbook p. 12)

01-18 La familia hispana. Antes de ver el video sobre una familia mexicana, elige la opción correcta para completar las siguientes frases.

1. La familia es el valor que _____ a la comunidad.

    a. cambia   **b.** autoriza   **c.** unifica

2. Los lazos entre la familia nuclear, la familia extendida y amigos cercanos pueden incluir hasta

    _____ que son parte de la comunidad en la cual vive una familia.

    a. edificios   **b.** organizaciones   **c.** caminatas

3. El concepto hispano de familia proporciona _____ cuando un miembro de la familia enfrenta un problema o una crisis.

    a. celebraciones   **b.** apoyo   **c.** autoridad

4. En el concepto hispano de familia, los valores de amor y también de _____ son importantísimos.

    a. las obligaciones   **b.** las fiestas   **c.** la necesidad individual

01-19 ¿Qué te dice el video? Al mirar el video, escribe en los espacios las respuestas a las siguientes preguntas.

1. Al principio del video, la familia se presenta como una institución cariñosa en la cual se respetan las

    _____.

2. El padre de la familia Díaz de Cossío explica que su familia tiene un taller de _____ en la Ciudad de México.

3. Ahora, la esposa decora ciertas cosas de una manera muy especial, pero antes era _____.

4. La hija Adriana, que estudió _____ y _____, trabaja actualmente en el taller.

5. Cora, la hija mayor, es diseñadora _____ aunque ella también ayuda a veces en el taller.

01-20 ¿Qué opinas tú? Contesta cada una de las siguientes preguntas en un párrafo de cinco a seis oraciones.

1. ¿Conoces alguna empresa familiar? ¿Qué tipo de empresa es? Según tu punto de vista, ¿funciona bien o mal como empresa de familia? Explica por qué sí o por qué no de manera convincente.

2. Menciona dos ventajas de trabajar juntos en una empresa familiar de las cuales no se habla en el video y explica por qué las escogiste. Menciona también dos desventajas y explica sus efectos posibles sobre la familia.

3. Imagínate que tu familia tiene una empresa familiar. ¿Qué tipo de empresa es y cuál es tu rol? Analiza por qué prefieres este rol.

_____

_____

_____

_____

Nombre: _____   Fecha: _____

APRENDAMOS 1

Discussing daily activities: Present tense indicative of irregular verbs (Textbook p. 12)

01-21 Un mensaje. Pedro le escribe a su amigo un correo electrónico sobre sus actividades en la universidad. Completa las oraciones con la forma correcta de los verbos en el presente.

Hola, Pablo,

¿Cómo estás? Te cuento que sigo tocando el piano como siempre. Cada semana (1) _____ (dar) un concierto corto en la capilla (*chapel*) de la universidad durante la hora del almuerzo. (2) _____ (estar) muy contento de hacerlo porque es una buena práctica para mi gran concierto de fin de año. Como es un lugar pequeño, no me (3) _____ (poner) muy nervioso en estas ocasiones. Además lo (4) _____ (hacer) porque me gusta.

Te cuento que (5) _____ (tener) mucha música latina nueva porque mi profesor de literatura latinoamericana es músico y regularmente me (6) _____ (dar) algunas de las canciones que él (7) _____ (tener). Él me (8) _____ (decir) que (9) _____ (estar) conectado con la comunidad hispana y así consigue la música.

¿(10) _____ (venir) tú a visitarme el domingo próximo? Me encantaría verte.

Bueno, te dejo por ahora… ¡hablamos pronto!

Pedro

01-22 Los almuerzos en casa de Álvaro. Todos los domingos, Álvaro te invita a comer con su familia que vive a una hora de la universidad. Completa las oraciones con la forma correcta de los verbos en el presente.

1. Cuando llegamos, los hermanos pequeños me _____ (mostrar) su juguete favorito.

2. Nosotros _____ (almorzar) todos juntos a la 1:30 de la tarde.

3. La madre _____ (servir) una comida deliciosa.

4. Generalmente la comida _____ (empezar) con una sopa.

5. Luego _____ (seguir) con la carne o el pescado con ensalada y arroz.

6. Aunque generalmente estoy satisfecho cuando llega el postre, yo nunca me lo _____ (perder).

7. A veces mi amigo y yo le _____ (pedir) a su madre una fuente de comida para llevarnos para la semana.

8. Este ritual me _____ (recordar) las celebraciones en mi casa, pero en esta familia la comida del domingo es una tradición que ellos _____ (repetir) todas las semanas.

🔊 **01-23 Preparativos.** Los novios tienen mucho que hacer antes de la boda y toda la familia colabora con ellos. Escucha las siguientes oraciones y selecciona el verbo correcto.

1. a. traduje
   b. traduce
   c. tradujo

2. a. va
   b. van
   c. iba

3. a. hay
   b. debe
   c. tiene

4. a. compraron
   b. comprarán
   c. compran

5. a. sirven
   b. suben
   c. saben

6. a. sana
   b. sueña
   c. sabe

7. a. construyen
   b. consumen
   c. contribuyen

8. a. pasamos
   b. pensamos
   c. posamos

APRENDAMOS 2

Describing conditions and characteristics: Uses of *ser* and *estar* (Textbook p. 16)

01-24 La novia de Marcos. Los padres de Marcos todavía no conocen a su novia, y Marcos está dándoles información sobre ella. Escoge el verbo apropiado para completar las oraciones.

Beatriz (1) (es / está) alegre y extrovertida. Vive en un apartamento que (2) (es / está) muy cerca de aquí. (3) (Es / Está) una persona muy independiente y activa, trabaja para pagar el alquiler y la universidad y además, recibe buenas notas porque (4) (es / está) muy lista. Según ella, sus clases (5) (son / están) aburridas este año y, a causa de esto, ahora no (6) (es / está) muy entusiasmada con ellas. Beatriz tiene una personalidad increíble y yo (7) (soy / estoy) muy enamorado de ella.

01-25 Las preguntas de la abuela. La abuela de Marcos y Clara vive ahora con su familia y está hablando con su nieta. Completa las preguntas y los comentarios de la abuela con la forma apropiada del verbo *ser* o *estar*.

ABUELA: ¿Cómo (1) _____?

CLARA: Bien, gracias, ¿y usted?

ABUELA: (2) _____ bien. ¿Dónde (3) _____ Marcos?

CLARA: En su cuarto. Esta tarde va a salir con su novia Beatriz y está preparándose.

ABUELA: ¿Quién (4) _____ esa chica?

CLARA: ¿Beatriz? Es la mujer perfecta para Marcos: morena, delgada, muy lista y bastante abierta.

ABUELA: ¿De dónde (5) _____?

CLARA: De Cartagena, pero ahora estudia aquí.

ABUELA: ¿Y cómo (6) _____ Marcos?

CLARA: ¿Ahora? Pues… muy contento y muy enamorado.

01-26 El video de la boda. Felipe grabó la boda de su hermana Elena. Escribe el guión del video de Felipe. Completa las siguientes oraciones con la forma correcta de los verbos *ser* y *estar* y la frase apropiada de la lista.

preocupados por los preparativos de la boda

de fresas y chocolate

en el restaurante El Luquillo

una mujer elegante y fría

muy nerviosa, pero muy linda

a las seis en la iglesia de El Carmen

adornada con flores blancas

MODELO: La iglesia *está adornada con flores blancas.*

1. La boda _____.

2. El banquete _____.

3. La madre del novio _____.

4. Elena _____.

5. La tarta _____.

6. Mis padres _____.

01-27 ¿Ser o no ser? Usa la forma correcta del verbo *ser* o *estar* para escribir oraciones completas. Sigue el modelo con cuidado.

MODELO: Mis abuelos / de España
            Mis abuelos son de España.

1. El padre de Héctor / peruano _____

2. El cumpleaños del bisabuelo / el 15 de octubre _____

3. Marcos / hablando por teléfono y Fernando / escribiendo las invitaciones _____

4. Los platos y las servilletas / sobre la mesa de la cocina _____

5. Mis sobrinos / tristes porque mi hermana no / aquí _____

6. Hoy / la fiesta en casa de mi nuera _____

7. Mi suegro / serio y sencillo, y mi suegra / cariñosa y apasionada _____

8. ¿La fiesta / en el club? / a las seis, ¿verdad? _____

01-28 ¿Cómo están? Felipe te explica cómo está su familia en este momento. Usa expresiones con *estar* para expresar las ideas de Felipe de otra manera.

MODELO: Roberto tiene que salir rápidamente.
            Roberto *está con prisa.*

1. Mi madre siempre piensa lo mismo que mi abuela.

   Mi madre siempre _____ con mi abuela.

2. Mi hermano quiere mucho a su novia.

   Mi hermano _____ de su novia.

3. Mi primo terminó su matrimonio con Elvira.

   Mi primo _____ de Elvira.

4. Mi tío solo se queda en Madrid unas horas.

   Mi tío _____ por Madrid.

5. Mi media hermana va a casarse con Luis en un mes.

   Mi media hermana _____ con Luis.

6. Mi padre tiene una semana de descanso en el trabajo.

   Mi padre _____ por una semana.

01-29 ¿Listos? Usa la forma correcta del verbo *ser* o *estar* y el adjetivo que correponda para escribir oraciones completas, como en el modelo.

MODELO: Mi hermano (to be ready).
            Mi hermano *está listo.*

1. Tu yerno (to be sick)

   Tu yerno _____.

2. Las sobrinas (to be bad)

   Las sobrinas _____.

3. Tu suegra (to be funny)

   Tu suegra _____.

4. La tía Carlota (to look pretty)

La tía Carlota _____.

5. Tus primos (to be ready)

Tus primos _____.

6. Mis hijos (to be clever)

Mis hijos _____.

7. El tío Alfonso (to be ugly)

El tío Alfonso _____.

8. Mis nietos (to be daring)

Mis nietos _____.

APRENDAMOS 3

Asking for definitions and choices: ¿Qué? or ¿cuál? (Textbook p. 20)

01-30 El cumpleaños de Ana. Los padres de Ana han invitado a toda la familia para su cumpleaños. María, la hermana menor de Ana, tiene mucha curiosidad y quiere saberlo todo. Completa sus preguntas con *qué* o *cuál/cuáles*, según el contexto.

1. Ana, ¿_____ vas a llevar para tu fiesta de cumpleaños?

2. Mamá, ¿_____ son los tíos que al final no pueden venir?

3. Mamá, ¿_____ puedo hacer para ayudarte?

4. Papá, ¿_____ vas a preparar de postre?

5. Ana, ¿_____ es tu pastel favorito?

6. Mamá, ¿_____ es una piñata?

01-31 Unas preguntas. Marta va a tomar algo con su nuevo novio, Miguel. Durante la conversación, Miguel le hace varias preguntas. Basándote en las respuestas de Marta, escribe las preguntas de Miguel usando *qué* o *cuál/cuáles*.

MODELO: *¿Qué haces los fines de semana?*
         Los fines de semana, hago deporte.

1. _____ .

Mi plato favorito es la lasaña.

2. _____

Mi madre es profesora de español.

3. _____

Prefiero ver la tele.

4. _____

Es Calle Corridas, 5, 6D en Granada.

5. _____

Mis pasatiempos son leer, ir al cine y hacer deporte.

01-32 La familia de Melisa. Lee las siguientes preguntas sobre la familia de Melisa y conéctalas con las respuestas más apropiadas.

1. ¿Qué hacen tus padres? _____
2. ¿Cuál es tu hermano, Juan o Pedro? _____
3. ¿Cuál prefieres, tu primo o tu prima? _____
4. ¿Qué es la familia para ti? _____
5. ¿En qué trabaja tu hermano? _____
6. ¿Cuáles son tus fiestas familiares favoritas? _____

a. Prefiero a mi primo. Es muy gracioso.
b. Para mí, son mis padres y mi hermano.
c. Ambos son médicos.
d. Ninguno de los dos. Mi hermano se llama Andrés.
e. La Navidad y mi cumpleaños.
f. Es ingeniero.

01-33 Una boda. Lee la invitación a la boda y contesta las preguntas que escuches.

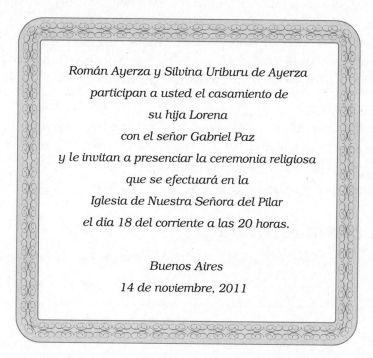

Román Ayerza y Silvina Uriburu de Ayerza

participan a usted el casamiento de

su hija Lorena

con el señor Gabriel Paz

y le invitan a presenciar la ceremonia religiosa

que se efectuará en la

Iglesia de Nuestra Señora del Pilar

el día 18 del corriente a las 20 horas.

Buenos Aires

14 de noviembre, 2011

MODELO: ¿Cuándo es la boda?
          La boda es en *noviembre*.

1. La boda es en _____.
2. La boda es el _____ de _____.
3. El padre de la novia se llama _____.
4. _____ va a ser el yerno de Silvina.
5. _____ va a ser la esposa de Gabriel.
6. _____ va a ser la suegra de Gabriel.

Conversemos sobre las lecturas

01-34 La telenovela. Ayer viste los últimos minutos de una telenovela en español. Lee el guión de la telenovela y decide si las siguientes afirmaciones son *Ciertas*, *falsas*, o si la información *No se menciona*.

ALBERTO: ¿Por qué me andas siguiendo a todas partes?

JULIA: Porque tengo que hablar contigo. Alberto, no puedes casarte con esa mujer porque tú y yo seguimos enamorados.

ALBERTO: Eso no es verdad, Julia.

JULIA: Sí, es verdad. ¿Recuerdas nuestros planes de matrimonio?

ALBERTO: Mientes, Julia. Nosotros nunca hablamos de matrimonio. Tú y yo ya no somos novios. Ahora voy a casarme con Catalina.

JULIA: Pero tú no la quieres, Alberto. Solamente piensas en que es hija única y va a heredar todo el dinero de sus padres. Tú todavía me quieres a mí. Alberto, no puedes negarlo. Mírame a los ojos y dime que no me amas.

ALBERTO: No puedo, Julia, no puedo. Yo sé lo que tengo que hacer. Ya está todo decidido. Mañana es la boda en la finca de mis futuros suegros y todo va a salir de acuerdo con mis planes. Debes olvidarte de que me conoces, Julia. Yo ya no quiero recordar el pasado.

1. Alberto quiere hablar con Julia.	Cierto	Falso	No se menciona.
2. Julia sigue enamorada de Alberto.	Cierto	Falso	No se menciona.
3. Alberto se va a casar con Catalina mañana.	Cierto	Falso	No se menciona.
4. Catalina es una mujer muy abierta y muy inteligente.	Cierto	Falso	No se menciona.
5. Alberto quiere mantener buenas relaciones con Julia.	Cierto	Falso	No se menciona.

Avancemos con la escritura

01-35 Una persona especial en mi familia. Describe en 8 o 10 oraciones a la persona de tu familia que más admiras.

_____

_____

_____

_____

_____

_____

_____

_____

01-36 Dictado: ¿Quién manda en casa? Transcribe el fragmento que escucharás a continuación.

_____

_____

_____

_____

_____

Hablemos de viajes

■ En marcha con las palabras

En contexto: Un viaje por América Latina *(Textbook p. 33)*

02-01 El glosario. Selecciona la palabra que no pertenezca al grupo.

1. **a.** el acantilado   **b.** la cordillera   **c.** la montaña   **d.** el lago

2. **a.** el mar   **b.** la playa   **c.** el huésped   **d.** la arena

3. **a.** la selva   **b.** el campamento   **c.** el saco de dormir   **d.** la tienda de campaña

4. **a.** el buceo   **b.** la pista   **c.** el clavadista   **d.** el esquí acuático

5. **a.** el mar   **b.** el velero   **c.** el barco   **d.** el paisaje

02-02 Un crucigrama sobre ecoturismo. En la revista *Viajar* apareció el siguiente crucigrama. Complétalo con las respuestas correctas.

1. lo hay en gran cantidad en la playa

2. lo que se hace en un avión

3. lugar donde hay muchos árboles y animales salvajes

4. subir al avión

5. sinónimo de barco

6. el movimiento del agua en el mar

7. nadar debajo de la superficie del agua

8. masa grande de agua rodeada de tierra; por ejemplo, el Titicaca entre Bolivia y Perú

¿Esquiar en la selva? Escucha las siguientes oraciones y decide si son lógicas o ilógicas.

1. lógica   ilógica
2. lógica   ilógica
3. lógica   ilógica
4. lógica   ilógica
5. lógica   ilógica
6. lógica   ilógica
7. lógica   ilógica
8. lógica   ilógica

02-04 Mi país. Hay muchas canciones sobre los lugares y los sentimientos que nos inspiran ciertos sitios. Escribe la primera estrofa de una canción sobre un viaje inolvidable por tu país. Repasa el vocabulario del capítulo para incluir las palabras que necesites. Puedes usar las siguientes sugerencias.

soleado	inesperado	pasarlo bien	el paisaje	el río
la ola	quedarse	la arena	la montaña	

Salí a descubrir _____

Volé _____

Llegué _____

Hice _____

Disfruté de _____

02-05 El ejecutivo y el estudiante. Lee el siguiente párrafo, y luego indica qué información describe mejor las vacaciones de Alberto y las de Víctor.

Alberto y Víctor son hermanos pero sus vidas son muy diferentes. Alberto es director de una compañía de seguros y está casado. Cuando su esposa y él van de vacaciones no les importa gastar dinero. Víctor estudia fotografía y cine, y es soltero. Cuando va de vacaciones con su novia, intenta gastar muy poco dinero.

1. Viaja siempre con muy poco equipaje.   Alberto   Víctor
2. Da buenas propinas a los botones de los hoteles.   Alberto   Víctor
3. Viaja a dedo cuando va de una ciudad a otra.   Alberto   Víctor
4. Busca hoteles baratos para jóvenes.   Alberto   Víctor
5. Cuando hace las maletas, pone ropa elegante para ir de fiesta. Alberto   Víctor
6. Aprovecha el viaje para filmar y sacar fotos.   Alberto   Víctor

🔊 **02-06 Mi último viaje.** Escucha el siguiente relato del viaje de Miguel. Luego decide si las afirmaciones son ciertas o falsas o si la información no se menciona.

1. Fue a México, en la península Ibérica.	Cierto	Falso	No se menciona
2. En Cancún se puede practicar buceo.	Cierto	Falso	No se menciona
3. Estuvo tres semanas en Cancún.	Cierto	Falso	No se menciona
4. A las ruinas de Chichén Itzá se llega por carretera.	Cierto	Falso	No se menciona
5. Cozumel es una montaña en Costa Rica.	Cierto	Falso	No se menciona
6. En Cozumel hay playas.	Cierto	Falso	No se menciona
7. Hizo ecoturismo en Costa Rica.	Cierto	Falso	No se menciona
8. En Costa Rica, estuvo en un hotel de tres estrellas.	Cierto	Falso	No se menciona
9. El parque nacional Tortuguero tiene arrecifes de coral.	Cierto	Falso	No se menciona
10. Al final de su viaje, Miguel va a visitar el volcán Arenal.	Cierto	Falso	No se menciona

Ventana al mundo

Buenos Aires, Argentina (Textbook p. 37)

🎬 **02-07 Tus conocimientos de Buenos Aires.** Antes de ver el video sobre Buenos Aires, completa las oraciones con las palabras apropiadas.

el tango	Mayo	más grandes	el colectivo

1. Buenos Aires y sus suburbios, con una población de 11 millones de habitantes, es una de las ciudades _____ del mundo.

2. Los principales monumentos y puntos de interés en Buenos Aires se encuentran en la Plaza de _____.

3. Un tipo de transporte público que puede ser muy útil para recorrer la gran ciudad de Buenos Aires es _____.

4. El *arte* con el cual más se identifica Argentina es _____.

🎬 **02-08 ¿Qué te dice el video?** Al mirar el video, escribe las respuestas a las siguientes preguntas en los espacios en blanco.

1. Un tipo de actividad que hace de Buenos Aires un importante núcleo internacional es la actividad _____.

2. El nombre de la sede del gobierno es _____.

3. El motivo de varias manifestaciones civiles cerca de la Plaza de Mayo ha sido los _____.

4. El tango tenía su origen cerca del año _____.

5. La profesión del hombre que, años más tarde, estimuló el interés de los ricos igual que de los pobres en el tango fue _____.

02-09 ¿Qué opinas tú? Contesta cada una de las siguientes preguntas en un párrafo de cinco a seis oraciones.

1. Imagina que ganaste un viaje gratis a Argentina. ¿Cuál punto de interés preferirías ver? Analiza por qué.

2. ¿Sabes bailar o tocar el tango? Generalmente, ¿lo pasa bien la gente bailando el tango? Analiza por qué sí o por qué no.

3. ¿Cómo te imaginabas Buenos Aires antes de ver el video? Compara tus impresiones anteriores con las imágenes de la capital en el video.

_____

_____

_____

_____

_____

¡Sin duda! (Textbook p. 38)

02-10 Las claves. Alicia y Alberto les mandaron a sus hijos estas fotos para que averiguaran dónde estaban de vacaciones y qué preparativos habían hecho antes. Ahora los hijos están reconstruyendo la información con los verbos *irse, salir, partir* y *dejar* en el pretérito. Completa las frases con las respuestas correctas.

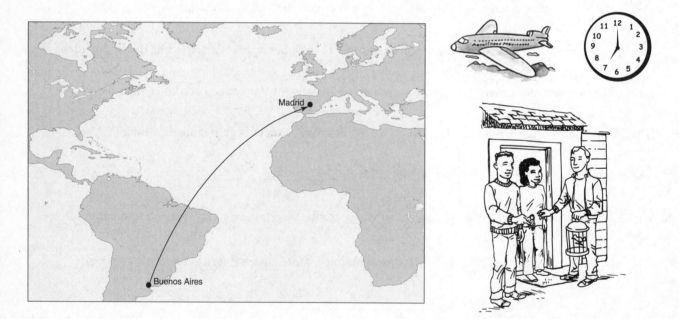

1. Papá y mamá salieron de _____

2. Se fueron _____

3. Su avión _____

4. Dejaron _____

a. partió a las 7.

b. las llaves y el pájaro con los vecinos.

c. Buenos Aires.

d. en avión a Madrid.

🔊 **02-11 Un viaje.** Escucha el siguiente diálogo sobre las últimas vacaciones de Ana y luego escoge la respuesta que complete las frases.

1. Ana se fue de vacaciones...

   a. por una semana.

   b. por el fin de semana.

2. Ana viajó en...

   a. avión.

   b. autobús.

3. Salió de Medellín...

   a. a las seis de la tarde.

   b. a las seis de la mañana.

4. Dejó a su perro...

   a. en su casa.

   b. en casa de sus padres.

Así se dice *(Textbook p. 40)*

02-12 Planes para las vacaciones. Alicia, la esposa de Alberto, va a una agencia de viajes para organizar las próximas vacaciones. Completa de manera lógica la conversación de Alicia con el agente de viajes.

AGENTE: ¿Qué desea?

ALICIA: Buenas tardes, quisiera hacer una reserva para Madrid.

AGENTE: ¿A Madrid? ¿Y qué tipo de habitación quiere? ¿Doble o sencilla?

ALICIA: (1) _____

AGENTE: Muy bien. Y, ¿quiere un pasaje de ida o de ida y vuelta?

ALICIA: (2) _____

AGENTE: ¿En qué clase quiere viajar? ¿En primera clase o en clase turista?

ALICIA: (3) _____

AGENTE: Perfecto. Y, ¿qué asiento prefiere? ¿Pasillo o ventanilla?

ALICIA: (4) _____

AGENTE: Le mando toda la información para confirmar la reserva.

ALICIA: Muchas gracias.

🔊 **02-13 ¿Con baño privado?** Escucha las siguientes preguntas y selecciona la respuesta apropiada.

1. a. No.

   b. Sí, con ducha.

2. a. Todas las noches.

   b. A las diez de la mañana.

3. a. Sí.

   b. No, sólo con desayuno.

4. a. Ésta, el número veintitrés.

   b. El vuelo 550 embarca ahora.

5. a. Sí, y el pasaporte.

   b. La visa sí, el pasaporte no.

6. a. Una, en Tenerife.

   b. Sí, es un billete de ida y vuelta.

7. a. Me da igual.

   b. Con baño privado, por favor.

8. a. Yo no fumo, ¿y usted?

   b. En una hora.

🔊 **02-14 Vacaciones.** Escucha las siguientes preguntas y luego selecciona la respuesta más lógica.

1. a. No, no me gusta tomar el sol.
   b. No, olvidé mi tienda de campaña.
2. a. Sí, fui a Cuzco y a Machu Picchu.
   b. Sí, las ruinas mayas son impresionantes.
3. a. No, estaba lleno.
   b. Sí, me divertí mucho.
4. a. Sí, iba con mis padres cuando era pequeño.
   b. Sí, muy caro, sobre todo la entrada a las ruinas.
5. a. A veces a Argentina y otras veces a Venezuela.
   b. En verano y en invierno.
6. a. Sí, y las maletas también.
   b. No, sólo el desayuno.
7. a. No, era un vuelo directo.
   b. Sí, pero tuve que pagar extra.
8. a. No, no tengo videocámara.
   b. Sí, nadar y también escalar.

🔊 **02-15 ¡Buen viaje!** Escucha la siguiente conversación telefónica entre Martina y Beatriz, su agente de viajes. Luego selecciona la respuesta correcta.

1. La agencia de viajes se llama…
   a. Buen viaje.
   b. Viaje feliz.
   c. Feliz viaje.
2. La agente de viajes le ofrece a Martina…
   a. dos viajes interesantes.
   b. sólo un viaje a México.
   c. sólo un viaje a España.
3. El viaje a España…
   a. es de tres semanas.
   b. incluye un pasaje en primera clase.
   c. ofrece excursiones a otras ciudades.
4. El viaje a España incluye…
   a. sólo Madrid.
   b. Toledo, Ávila y Madrid.
   c. Madrid y Puerto Vallarta.

5. El viaje a México…
   a. incluye excursiones a Ávila y a Toledo.
   b. incluye dos semanas en Puerto Vallarta.
   c. no incluye nada.
6. El precio del viaje a México…
   a. es más caro.
   b. cuesta 1.400 dólares.
   c. cuesta 1.200 dólares.
7. Martina prefiere…
   a. un asiento del pasillo.
   b. un asiento de la ventanilla.
   c. un asiento en el medio.
8. Martina…
   a. necesita pasaporte.
   b. elige el viaje a España.
   c. no quiere los folletos.

🔊 **02-16 ¿Adónde fueron?** Escucha la descripción de los viajes de algunas personas y completa la información que falta.

Los Matellán fueron a (1) _____ por (2) _____. Visitaron Tikal y Antigua.

Manuel Parada viajó a (3) _____ y estuvo en la Ciudad de México. Ahí visitó la (4) _____, la (5) _____ y el Parque del Chapultepec. En total estuvo ahí (6) _____ días.

Paula y Clara viajaron a (7) _____. Su viaje duró (8) _____. Visitaron la capital, (9) _____ y también fueron al sur, a la (10) _____. Compraron zapatos, (11) _____ y cuero.

Paloma y (12) _____ estuvieron en Puerto Rico durante (13) _____ días. Compraron (14) _____ con el famoso coquí.

▪ Sigamos con las estructuras

REPASEMOS 1

Talking about past activities: The preterite (Textbook p. 42)

02-17 Crónica. Completa esta página del diario de un viajero que está visitando México. Usa los verbos entre paréntesis en el pretérito.

Anteayer yo (1) _____ (llegar) a la Ciudad de México después de un largo viaje en autobús desde Matamoros. Estaba muy cansado porque no había podido dormir la noche anterior. (2) _____ (buscar) una cafetería para desayunar y después tomé un taxi que me llevó al hotel. Una vez en mi habitación, (3) _____ (dormir) unas cuatro horas.

Me desperté a las cuatro de la tarde y me sentía como nuevo. (4) _____ (deshacer) la maleta y (5) _____ (poner) la ropa en el armario; me duché y bajé a la recepción. Salí a la calle y (6) _____ (dar) un paseo por los alrededores. Después (7) _____ (ir) a un restaurante a comer y allí conocí a un par de españoles que estaban también de visita en México. Ellos (8) _____ (venir) conmigo hasta mi hotel y quedamos en ir juntos a Teotihuacán al día siguiente. Subí a mi cuarto y (9) _____ (leer) la información sobre la pirámide del sol, pero no (10) _____ (poder) leerlo todo porque estaba cansadísimo. Mis nuevos amigos y yo (11) _____ (visitar) Teotihuacán pero (nosotros) no (12) _____ (tener) tiempo de ir al Museo de Arqueología ni al Palacio Nacional.

Después, quedamos en volver a vernos para hacer más visitas juntos. Es posible que vayamos mañana a dar un paseo por el campus de la UNAM.

🔊 **02-18 De viaje.** Escucha las frases en el presente y completa los espacios en blanco con el verbo en el pretérito.

MODELO: Escuchas: Salgo de viaje en agosto.
Escribes: *Salí* de viaje en agosto.

1. _____ de mi casa a las diez.
2. _____ el avión por la mañana.
3. _____ para leer en el barco.
4. _____ de los paisajes.
5. _____ una montaña muy alta.
6. _____ en la tienda de campaña.
7. _____ dedo en la carretera.
8. _____ con el sol.

REPASEMOS 2

Telling how long ago something happened: *Hace* + time expressions (Textbook p. 43)

02-19 Un año muy especial. El año pasado, algunos miembros de tu familia hicieron actividades muy interesantes. Di oralmente qué pasó, usando la estructura *hace* + expresión de tiempo. Sigue el modelo con cuidado.

MODELO: diez meses   papá y mamá   visitar su país de origen
Hace diez meses que papá y mamá visitaron su país de origen.

1. tres meses   mi primo   salir en barco para la Antártida
2. ocho años   el abuelo y yo   recorrer los pueblos del sur
3. nueve meses   mamá   trabajar en las islas Galápagos
4. veinte años   mi hermano y mi cuñada escalar una montaña en los Andes
5. siete años   el tío Carlos   ir a pescar al océano Pacífico
6. un mes   yo   bucear en Chile

02-20 Una cantante latina. Eres periodista, y ayer entrevistaste a la cantante cubana Gloria Estefan. Sin embargo, solamente tomaste algunas notas. Escribe toda la entrevista de acuerdo con las notas que tomaste. Asegúrate de utilizar en todas tus preguntas la construcción *cuánto tiempo hace*.

MODELO: (salir de Cuba) / 50 años
              PERIODISTA: *¿Cuánto tiempo hace que saliste de Cuba?*
                  GLORIA: *Hace 50 años que salí de Cuba.*

1. (empezar a cantar) / 36 años
   PERIODISTA: ¿_____?
       GLORIA: _____

2. (grabar el disco *Eyes of Innocence*) / 27 años
   PERIODISTA: ¿_____?
       GLORIA: _____

3. (componer el primer álbum en solitario) / 22 años
   PERIODISTA: ¿_____?
       GLORIA: _____

4. (sufrir el accidente de autobús) / 21 años
   PERIODISTA: ¿_____?
       GLORIA: _____

5. (presentar el álbum *Mi tierra*) / 18 años
   PERIODISTA: ¿_____?
       GLORIA: _____

6. (visitar a Bill Clinton) / 12 años
   PERIODISTA: ¿_____?
       GLORIA: _____

02-21 ¿Hace mucho? Escucha las siguientes preguntas y respóndelas oralmente de acuerdo al modelo.

MODELO: tres meses
              ¿Cuánto tiempo hace que viajaste a México?
              Hace tres meses que viajé a México.

1. un año
2. dos días
3. una semana
4. cuatro meses
5. un rato
6. muchos años
7. unos días
8. dos horas

REPASEMOS 3

Describing how life used to be: The imperfect (Textbook p. 44)

02-22 Recuerdos. Rosa y Roberto están contando lo que hacían durante los veranos cuando eran niños. Usa el verbo apropiado en el imperfecto para completar la narración.

| soler | hacer | llevar | quedar | visitar | ver | ser | ir |

Rosa:

De niña, yo (1) _____ visitar a mi abuela durante el verano. Por lo general, mis padres me (2) _____ al pueblecito de la abuela y yo me (3) _____ sola con ella durante dos meses. No (4) _____ a mis padres hasta el comienzo de las clases.

Roberto:

Cuando (5) _____ niño, nosotros con frecuencia (6) _____ al extranjero y, por lo general, (7) _____ excursiones a las playas y las montañas de los países que (8) _____.

02-23 Las vacaciones de la infancia. Santiago habla sobre sus vacaciones cuando era niño. Cambia los verbos de las oraciones según el modelo.

MODELO: Ellas van de vacaciones a Costa Rica.
Ellas *iban* de vacaciones a Costa Rica.

1. Nosotros _____ cerca del bosque.

2. Mis amigos _____ en las vacaciones.

3. Mis padres _____ cerca del río.

4. Yo _____ una siesta todos los días.

5. Mi abuelo y yo _____ a pescar al lago.

6. En el invierno _____ en las montañas.

7. Mi hermana _____ su cama.

8. Mi familia siempre _____ con otras familias.

APRENDAMOS 1

Narrating in the past: Preterite and imperfect (Textbook pp. 45–46)

02-24 Un viaje sin incidentes. Le estás contando a un grupo de personas algunas de las experiencias de tu viaje a México. Selecciona el tiempo apropiado para completar la narración.

En 1998, (1) (estuve / estaba) en México. (2) (Era / Fue) el mes de diciembre y (3) (hizo / hacía) sol cuando (4) (empecé / empezaba) mi aventura. Primero (5) (visité / visitaba) la Ciudad de México, después (6) (fui / iba) a Puebla y finalmente (7) (hice / hacía) un viaje a Veracruz.

En la Ciudad de México (8) (fui / iba) a las ruinas aztecàs de Teotihuacán. Cuando (9) (llegué / llegaba), (10) (subí / subía) una pirámide.

02-25 El viaje de los González–Antes de escuchar. Escribe oraciones completas en el pretérito o en el imperfecto, de acuerdo al modelo, sobre el viaje de Santiago y Marcela González.

MODELO: Ayer los González / tener / un día muy ocupado
Ayer los González tuvieron un día muy ocupado.

1. Por la mañana / ir / en una excursión al mar

_____

2. Ellos / salir / muy temprano

_____

3. Hacer / calor y no / haber / viento

_____

4. El guía / ser / una persona muy inteligente y divertida

_____

5. Ver / unos peces increíbles

_____

6. Por la tarde / escalar / un volcán

_____

7. Marcela / tener / una cámara nueva

_____

8. Cuando / bajar / empezar / a soplar un viento muy fuerte

_____

02-26 El viaje de los González. Escucha la narración sobre el viaje de los González. Luego indica si las afirmaciones son ciertas o falsas o si la información no se menciona.

	Cierto	Falso	No se menciona
1. El día estaba soleado.	Cierto	Falso	No se menciona
2. Ellos salieron con un guía.	Cierto	Falso	No se menciona
3. Por la mañana, bucearon.	Cierto	Falso	No se menciona
4. Por la tarde, nadaron en un lago.	Cierto	Falso	No se menciona
5. Marcela se sentía feliz.	Cierto	Falso	No se menciona
6. Marcela compró su nueva cámara dos semanas antes del viaje.	Cierto	Falso	No se menciona
7. Era la primera vez que Marcela escalaba.	Cierto	Falso	No se menciona
8. A Santiago le encantan los viajes en la naturaleza.	Cierto	Falso	No se menciona

02-27 Leyenda quechua: El Sol y el Viento. Escucha con atención esta leyenda y luego decide si los siguientes verbos hacen referencia a una acción completa en el pasado, una acción repetida en el pasado o una descripción.

	Acción completa	Acción repetida	Descripción
1. se encontraban	Acción completa	Acción repetida	Descripción
2. visitaban	Acción completa	Acción repetida	Descripción
3. llevaba	Acción completa	Acción repetida	Descripción
4. veía	Acción completa	Acción repetida	Descripción

5. decidieron	Acción completa	Acción repetida	Descripción
6. era	Acción completa	Acción repetida	Descripción
7. compitieron	Acción completa	Acción repetida	Descripción
8. sopló	Acción completa	Acción repetida	Descripción
9. calentó	Acción completa	Acción repetida	Descripción
10. se quitó	Acción completa	Acción repetida	Descripción

02-28 Costumbres. Este año esta gente ha cambiado un poco sus costumbres. Completa los espacios en blanco con las formas correctas del pretérito o del imperfecto.

MODELO: Ellas *iban* cada verano a Puerto Rico, pero este verano no *fueron*. (ir)

1. Nosotros _____ todos los años a Costa Rica, pero este año no _____. (viajar)

2. Antes yo siempre _____ los museos nuevos, pero este año no los _____. (recorrer)

3. Ustedes generalmente _____ a sus padres en las vacaciones, pero en estas vacaciones _____ a sus primos. (visitar)

4. Tú siempre _____ a tu novia los fines de semana, pero este sábado no la _____. (ver)

5. Marcelo _____ a trabajar todos los veranos en el parque nacional, pero el último verano no _____. (ir)

6. Por lo general, yo _____ en hoteles baratos, pero en estas vacaciones _____ en un hotel de cuatro estrellas. (dormir)

APRENDAMOS 2

More uses of the preterite and imperfect (Textbook pp. 48–49)

02-29 De película. El fin de semana pasado tu amigo vio la película española *Días contados* y ahora te está contando un poco del argumento en el siguiente resumen. Completa los espacios con la forma correcta del imperfecto o el pretérito.

El protagonista, Antonio, (1) _____ (ser) un hombre callado y misterioso. Un día (2) _____ (conocer) a Charo, su vecina, y se (3) _____ (enamorar) de ella. Charo (4) _____ (tener) unos 18 años. Antonio le (5) _____ (mentir) a Charo sobre su profesión y le (6) _____ (decir) que (7) _____ (ser) fotógrafo. Charo quería visitar la Alhambra y una noche los dos (8) _____ (salir) para Granada. Durante su viaje, Charo (9) _____ (descubrir) cuál (10) _____ (ser) el verdadero trabajo de Antonio. Charo estaba mirando las noticias mientras Antonio se (11) _____ (duchar) y, de repente, (12) _____ (aparecer) su foto en la televisión. En ese momento, Charo vio la foto de Antonio. La policía lo estaba buscando porque era miembro de la organización ETA.

02-30 Unas malas vacaciones. Alejandro Vargas y su novia Isabel fueron a Costa Rica de vacaciones, pero Alejandro descubrió algo terrible en el bar del hotel. Aquí tienes los datos desordenados sobre lo que ocurrió esa noche trágica. Indica cuáles de estas oraciones requieren el uso del pretérito y cuáles requieren el imperfecto.

1. llegar la policía   pretérito   imperfecto

2. ser las once de la noche   pretérito   imperfecto

3. bajar de la habitación del hotel   pretérito   imperfecto

4. ir a otro bar   pretérito   imperfecto

5. decidir manejar su auto   pretérito   imperfecto

6. hacer mucho calor   pretérito   imperfecto

7. ver a su novia con un hombre   pretérito   imperfecto

8. llevar gafas   pretérito   imperfecto

9. entrar en el bar del hotel   pretérito   imperfecto

10. no ver un camión aparcado   pretérito   imperfecto

02-31 Unas malas vacaciones (a continuación). Alejandro Vargas y su novia Isabel fueron a Costa Rica de vacaciones pero Alejandro descubrió algo terrible en el bar del hotel. Si pones los datos todos juntos, vas a reconstruir la historia completa de esa noche trágica. Escribe lo que le pasó a Alejandro la noche del accidente ordenando lógicamente la información abajo. Usa el pretérito y el imperfecto, y añade los detalles que quieras.

llegar la policía   hacer mucho calor

ser las once de la noche   ver a su novia con un hombre

bajar de la habitación del hotel   llevar gafas

ir a otro bar   entrar en el bar del hotel

decidir manejar su auto   no ver un camión aparcado

_____

_____

_____

_____

_____

_____

_____

_____

_____

_____

_____

_____

02-32 Interrupciones. Escribe oraciones completas en el pretérito o en el imperfecto, de acuerdo al modelo.

MODELO: Pablo / sacar fotos / empezar a llover
          Pablo sacaba fotos cuando empezó a llover.

1. Mis amigos / estar en el aeropuerto / aterrizar el avión

_____

2. Hacer / mucho viento / nosotras / llegar a la cima de la montaña

_____

3. Ser / las cinco de la tarde / comenzar a nevar

_____

4. Yo / tener / quince años / ir a Nicaragua

_____

5. Ellas / no hablar / español / mudarse a México

_____

6. Tú / dormir / en el hotel / sonar el teléfono

_____

APRENDAMOS 3

Talking about past activities: Verbs that change meaning in the preterite (Textbook pp. 50–51)

02-33 El mensaje de Isabel. Alejandro recibió un correo electrónico de su ex-novia Isabel explicándole lo que pasó la noche trágica del accidente. Usa el pretérito o el imperfecto de los verbos entre paréntesis para completarlo.

Querido Alejandro:

　　Ayer (1) _____ (saber) que ya estabas fuera del hospital y quiero explicarte algo. La noche de tu accidente (2) _____ (conocer) a un hombre en el bar del hotel. Yo (3) _____ (querer) hablar contigo, pero no te (4) _____ (encontrar) en la habitación. Después, (5) _____ (descubrir) que estabas en el hospital. Yo no (6) _____ (poder) hacer nada por ti en Costa Rica, así que (7) _____ (regresar) a Perú con este hombre en el primer vuelo que encontramos. Cuando llegué a Lima, (8) _____ (tener) que hablar con mis padres y explicarles el asunto. Mis padres no (9) _____ (querer) aceptar a mi amigo y lo obligaron a irse de casa. Dos días más tarde (10) _____ (poder) ponerme en contacto con el hospital y me dijeron que estabas mejor. Ahora sé que te quiero y que ese hombre no significa nada para mí. Por favor, llámame. Necesito hablar contigo.

Isabel

02-34 Querer es poder. Completa las frases usando los verbos entre paréntesis en el imperfecto o en el pretérito.

MODELO: Tú siempre (querer) *querías* hacer una excursión, pero no (poder) *pudiste* esta vez.

1. Ayer yo (conocer) _____ a Silvina; es muy simpática.

2. Ella (conocer) _____ la historia de España muy bien.

3. Nosotros siempre (querer) _____ tomar el tren de las ocho, pero esta mañana no (poder) _____.

4. Cada primavera, tú (querer) _____ conocer Madrid, pero sólo (poder) _____ ir este año.

5. Yo (tener) _____ que salir temprano esta mañana porque (tener) _____ que tomar el autobús a las siete.

6. Usted (querer) _____ ir a Barcelona, pero esta vez (ir) _____ a Santander.

■ Conversemos sobre las lecturas

02-35 El ecoturismo en el Perú. Cada día hay más posibilidades para disfrutar las bellezas naturales de un país. Aquí tienes diferentes regiones del Perú que podrías visitar. Después de leer el folleto, decide si la siguiente información es cierta o falsa o si no se menciona.

Observación de la naturaleza-Ecoturismo

La naturaleza, su observación y estudio constituyen una de las formas más emocionantes del turismo. En el Perú, el fabuloso Imperio de los Incas, la práctica del ecoturismo es ideal por sus tres regiones: costa, sierra y selva. Aquí podemos observar la flora más rica del mundo: formaciones geológicas y volcánicas de indescriptible antigüedad; es decir, un paraíso para los estudiosos de la naturaleza.

Manu (Región—Inca)

Parque Nacional y Reserva Biosfera del Manu (1.881.200 hectáreas). Mayor riqueza biológica del mundo: 1.000 especies de aves, 13 especies de monos, 2.000 a 5.000 especies de plantas.

Clima tropical cálido y húmedo (100–70°F, 37–21°C). Lluvias de noviembre a marzo. La altura varía de 365 a 4.000 m. Precipitación anual en zona baja 4.000 mm.

Acceso: Vuelos de itinerario desde Lima y Cuzco a Puerto Maldonado. Bus desde Cuzco.

Cañón del Colca (Región—Arequipa)

Paisaje imponente. El Cañón del Colca es el más profundo del mundo. Se pueden observar cóndores.

Clima seco (días soleados, noches frescas). Altura 2.700 m, 75–42°F, 6°C. Lluvias de diciembre a marzo. Albergue en Achoma, cerca del cañón.

Acceso: A 143 km de Arequipa. Vuelos desde Lima, Cuzco y Puno. Tren de Puno.

Paracas-Ica (Región—Libertadores)

Reserva nacional que comprende tierra y mar. Rica fauna marina. Excursiones en yate a Islas Ballestas.

Clima cálido y seco (85–50°F, 30–10°C). Prácticamente no llueve, pero hay mucho viento.

Hoteles en Balneario y en Ica.

Acceso: 288 km de Lima por la carretera Panamericana Sur hasta Pisco, puerto cercano a Paracas.

Lago Titicaca (Región Moquegua—Tacna-Puno)

Reserva Nacional del Titicaca: Lago navegable más alto del mundo. Superficie 816 km². Profundidad máxima 281 m. Transparencia del agua de 65 a 15 m. Fauna y flora variada.

Clima soleado, seco y frío (66–32°F, –0°C). Altura del lago 3.808 m. Lluvia de diciembre a abril.

Precipitación promedio anual 728 mm.

Acceso: Vuelos frecuentes de Lima y Arequipa a Juliaca (Puno). Tren de Cuzco y Arequipa.

Iquitos (Región—Amazonas)

Iquitos está a orillas del río Amazonas, el más caudaloso del mundo. Se puede viajar en cruceros o internarse en la selva.

Altura 100 m. Clima cálido y húmedo (100–70°F, 37–21°C). Albergues turísticos desde 30 minutos hasta 6 horas de Iquitos.

Acceso: Vuelos desde Lima, de Miami (EE.UU.) o Manaus (Brasil).

1. El Perú no tiene acceso al mar.	Cierto	Falso	No se menciona
2. Se puede llegar a Manu en barco.	Cierto	Falso	No se menciona
3. Los vuelos a Manu salen a las 8 de la mañana y las 3 de la tarde.	Cierto	Falso	No se menciona
4. Hace mucho calor por la noche en el Cañón del Colca.	Cierto	Falso	No se menciona
5. Paracas-Ica está cerca del mar.	Cierto	Falso	No se menciona
6. Se puede navegar en el Lago Titicaca.	Cierto	Falso	No se menciona
7. Hay 700 especies de peces en el Lago Titicaca.	Cierto	Falso	No se menciona
8. Iquitos es una región selvática.	Cierto	Falso	No se menciona

■ Avancemos con la escritura

02-36 Una postal desde el Perú. Imagina que estás en una de las regiones del Perú. Escribe una postal a tu familia para describir tu viaje. Repasa el vocabulario del capítulo, el uso del pretérito y el imperfecto, y los conectores antes de escribir.

_____

_____

_____

_____

_____

_____

_____

_____

_____

_____

02-37 Dictado: Leyenda. Escucha y escribe este fragmento de la *Leyenda del Sol y el Viento*.

_____

_____

_____

_____

_____

_____

_____

_____

_____

_____

_____

_____

_____

_____

_____

_____

_____

_____

_____

_____

_____

_____

3 Hablemos de la interculturalidad

■ En marcha con las palabras

En contexto: Romper las barreras interculturales (Textbook p. 63)

03-01 Desmemoriado. Tu amigo Tino tiene muy mala memoria y siempre te pide que lo ayudes a recordar las palabras. Contesta sus preguntas con las palabras correctas de la lista.

tertulia	barreras	puntualidad
rodear	pertenecer	darse cuenta de

¿Cuál es la palabra para…

1. una reunión informal con varias personas? _____

2. ser consciente? _____

3. ser parte de? _____

4. las diferencias culturales? _____

5. decir que algo está alrededor de nosotros? _____

6. el hecho de llegar siempre a tiempo? _____

03-02 ¿Visas con enchiladas? Escucha las siguientes oraciones y decide si son lógicas o ilógicas.

1. lógica   ilógica

2. lógica   ilógica

3. lógica   ilógica

4. lógica   ilógica

5. lógica   ilógica

6. lógica   ilógica

7. lógica   ilógica

8. lógica   ilógica

03-03 La realidad de los inmigrantes. Según las lecturas de la sección *En contexto,* decide si las siguientes afirmaciones son ciertas o falsas. Si no se dice, selecciona *No se menciona.*

1. No todas las culturas reaccionan de la misma manera a las mismas situaciones. Cierto Falso No se menciona

2. Dos factores que pueden crear malentendidos culturales son el concepto del tiempo y el concepto de la familia. Cierto Falso No se menciona

3. Se pueden distinguir dos tipos de culturas: las "monocrónicas" y las "policrónicas". Cierto Falso No se menciona

4. Los estadounidenses suelen ir a tomar un café con sus colegas antes de empezar a trabajar. Cierto Falso No se menciona

5. A los estadounidenses no les gusta el café. Cierto Falso No se menciona

6. La cultura estadounidense es un ejemplo de una cultura "monocrónica". Cierto Falso No se menciona

7. Las culturas "policrónicas" suelen valorar particularmente las relaciones personales con sus colegas. Cierto Falso No se menciona

8. Para los estadounidenses lo más importante es la eficacia y el cumplimiento de los plazos. Cierto Falso No se menciona

9. Para los mexicanos lo más importante es la puntualidad. Cierto Falso No se menciona

10. En general, los latinoamericanos son como los mexicanos. Cierto Falso No se menciona

03-04 El español en los Estados Unidos. Escucha el siguiente fragmento y di si las afirmaciones son ciertas o falsas. Si no se dice, selecciona *No se menciona.*

1. Hay menos de treinta millones de hispanos en los Estados Unidos. Cierto Falso No se menciona

2. En Michigan se concentra el mayor número de hispanos. Cierto Falso No se menciona

3. California y Nuevo México tienen una gran población hispana. Cierto Falso No se menciona

4. California es el estado estadounidense con mayor población hispana. Cierto Falso No se menciona

5. En Michigan no se habla español. Cierto Falso No se menciona

6. México es el país con el mayor número de hispanos en el mundo. Cierto Falso No se menciona

7. España tiene menos hispanohablantes que los Estados Unidos. Cierto Falso No se menciona

8. Argentina tiene más hispanohablantes que Colombia. Cierto Falso No se menciona

9. Los Estados Unidos tiene más hispanohablantes que Perú. Cierto Falso No se menciona

10. Los hispanos en los Estados Unidos tratan de conservar el español con todas sus variedades. Cierto Falso No se menciona

03-05 Tu punto de vista. Describe oralmente las culturas "monocrónicas" y "policrónicas". ¿Estás de acuerdo con las ideas del texto? Usa cinco palabras de la siguiente lista en tu respuesta.

éxito	puntualidad	ambiente	malentendido
juzgar	tener en cuenta	amistad	competencia

MODELO: *Yo pienso que asimilarse a una nueva cultura es una gran lucha...*

¡Sin duda! (Textbook p. 68)

03-06 ¿Cómo andan las cosas? Juan Montero es un trabajador migratorio. Está hablando con su madre, que vive en México, y le cuenta algunos detalles de su vida. Completa el diálogo según el contexto. Usa los verbos en el presente.

preguntar (por)	tener (que)	haber (que)	pedir

MADRE: Rosita siempre me (1) _____ ti. Quiere saber cuándo se van a casar.

JUAN: No sé, mamá. Es muy dura la vida aquí. (2) _____ trabajar mucho para poder mantener a una familia.

MADRE: Pero, hijo, en todas partes uno (3) _____ trabajar duro si quiere salir adelante.

JUAN: Sí, mamá, ya lo sé, pero (4) _____ otros trabajos donde el trabajador no (5) _____ estar en el campo de sol a sol recogiendo frutas o vegetales y mudándose cada quince días a un lugar nuevo.

MADRE: Lo siento, hijo. Yo sólo te (6) _____ que tengas mucho cuidado. Aquí todos están esperándote y quieren saber cuándo vienes.

JUAN: Creo que en un mes vuelvo a Laredo para decidir lo que quiero hacer.

03-07 La vida de Felipe. Felipe es un colombiano que estudia en Boston. Lee lo que dice y completa las oraciones con la forma correcta de los verbos que escuches.

1. Yo _____ visa de estudiante en los Estados Unidos.

2. _____ otros estudiantes colombianos en mi universidad.

3. _____ estudiar mucho todos los días.

4. Los profesores _____ un reporte de lecturas cada semana.

5. Mi mamá siempre _____ cómo me siento en este nuevo país.

6. Durante la Navidad, yo _____ regresar a Colombia para pasar las fiestas con mi familia.

Así se dice (Textbook p. 71)

03-08 Una conversación telefónica. José y Julio están hablando por teléfono. Completa el diálogo entre los dos amigos con las expresiones más lógicas.

JOSÉ: Hola, Julio. ¿Cómo te ha ido en el trabajo?

JULIO: (1) ¿_____?

JOSÉ: Digo que si tuviste un buen día en el trabajo.

JULIO: Sí, excelente; me gusta mucho mi nuevo trabajo.

JOSÉ: Qué bien. Cuánto me alegro. Oye, Julio, el mes que viene regreso a Puerto Rico.

JULIO: (2) ¿_____ vas a dejar tu trabajo?

JOSÉ: Efectivamente.

JULIO: ¿Y vas a volver a vivir con tus padres?

JOSÉ: (3) _____. Así, tengo un alojamiento gratis cerca del trabajo.

03-09 ¿De acuerdo? Escucha estos diálogos breves y decide si las personas están de acuerdo o no.

1. acuerdo   desacuerdo
2. acuerdo   desacuerdo
3. acuerdo   desacuerdo
4. acuerdo   desacuerdo
5. acuerdo   desacuerdo
6. acuerdo   desacuerdo
7. acuerdo   desacuerdo
8. acuerdo   desacuerdo

03-10 Tu opinión. Reacciona a las siguientes oraciones dando tu opinión oralmente, y explica por qué estás de acuerdo o en desacuerdo.

MODELO: Yo creo que los inmigrantes deben seguir hablando su lengua materna.
Yo también, aunque es importante aprender la lengua del país.

1. Mi país es el mejor país del mundo.
2. No debería haber una sola lengua oficial en este país.
3. Me molesta que los trabajadores no tengan buenos sueldos.
4. Creo que se necesita más justicia social.

Nombre: _____   Fecha: _____

🔊 **03-11 ¿Guatemalteco o dominicano?** Escucha las claves para identificar a cada personaje y completa las frases con la información correcta.

(1) _____ es caribeña. Ella vive en (2) _____. Le interesa mucho la política y le gusta mucho cantar. También le gusta (3) _____.

Rubén es (4) _____ y vive en Texas. Le encanta (5) _____, sobre todo cuando se trata de viajes largos. Rubén habla tres idiomas, el español, el inglés y el (6) _____. Le interesa mucho también el tema de la globalización.

Carolina es de (7) _____ y también vive en Texas. Ella es profesora de francés. Le encanta (8) _____ y detesta el (9) _____.

César es de (10) _____ y vive en California. Es ahora (11) _____ de una cadena de tiendas de ropa. Antes, cuando era obrero migratorio, lo que más le gustaba eran sus (12) _____ de trabajo.

🔊 **03-12 Homenaje a César Chávez.** Escucha la siguiente noticia y di si las afirmaciones son *ciertas* o *falsas*. Si no se dice, selecciona *No se menciona*.

1. La noticia es sobre una ciudad en Texas.	Cierto	Falso	No se menciona
2. César Chávez fue un defensor de los derechos de los hispanos.	Cierto	Falso	No se menciona
3. César Chávez era de origen mexicano.	Cierto	Falso	No se menciona
4. Un senador se reunió con otros senadores en el ayuntamiento.	Cierto	Falso	No se menciona
5. Lo que quieren es darle el nombre César Chávez a una calle de la ciudad.	Cierto	Falso	No se menciona
6. Más de cien comerciantes están en contra.	Cierto	Falso	No se menciona
7. Los que se oponen dicen que costaría más de 200.000 dólares.	Cierto	Falso	No se menciona
8. Más de la mitad de la población de Corpus es mexicoamericana.	Cierto	Falso	No se menciona
9. En otras ciudades hubo problemas similares.	Cierto	Falso	No se menciona
10. Texas es el primer estado que ha hecho este tipo de propuesta.	Cierto	Falso	No se menciona

■ Sigamos con las estructuras

REPASEMOS 1

Describing daily routines: Reflexive verbs (Textbook p. 73)

03-13 Reflexiones de un puertorriqueño. Completa la rutina familiar de Pedro, un puertorriqueño que vive en Nueva York. Conjuga los verbos correctos en el tiempo necesario de acuerdo con el contexto.

mudarse	reunirse	arreglarse	sentirse	quejarse	acordarse	levantarse	divertirse

Nosotros (1) _____ a Nueva York el verano pasado. Ahora mi esposa Nélida y yo (2) _____ temprano para ir al trabajo. Mientras ella (3) _____ yo levanto a los niños. Aunque vivimos en los Estados Unidos ahora, Nélida (4) _____ mucho de su familia en Aguadilla y yo también pienso en ellos, pero yo no (5) _____ de vivir aquí porque (6) _____ bien en el trabajo y conozco a todos mis compañeros.

A veces vamos a un club de salsa que hay en el barrio. Allí (7) _____ muchos inmigrantes para comer, hablar y bailar. La verdad es que nosotros (8) _____ bastante, pero es difícil llevar a los niños con nosotros.

03-14 Todos los días. Escribe las oraciones que escuches sobre la rutina de la protagonista del cuento "No Speak English".

1. _____
2. _____
3. _____
4. _____
5. _____
6. _____

REPASEMOS 2

Describing reciprocal actions: Reciprocal verbs (Textbook p. 74)

03-15 Relaciones recíprocas. Pedro está hablando con su amigo Miguel sobre su vida en Nueva York. Completa la conversación de forma lógica con el verbo apropiado en el presente o el infinitivo.

apoyarse	reunirse	llevarse bien	separarse	soportarse

MIGUEL: ¿Hacen algo divertido después del trabajo?

PEDRO: Sí, a veces nosotros (1)_____.

MIGUEL: ¿Están ustedes bien en Nueva York?

PEDRO: Bueno, echamos de menos a la familia, pero Nélida y yo (2) _____.

MIGUEL: Ustedes no se pelean mucho, ¿verdad?

PEDRO: No. Pensamos igual sobre muchas cosas y por eso (3) _____.

MIGUEL: ¡Qué buena suerte! Mi novia y yo nos comprometimos el mes pasado y todo va mal.
¡No (4)_____!
Pienso que vamos a (5) _____.

🔊 **03-16 Jorge y Silvia.** Reconstruye la historia de estos dos inmigrantes. Escribe oraciones completas en el presente con los elementos dados y los verbos que escuchas.

MODELO: Ves: en el viaje a los Estados Unidos
          Escuchas: hacerse amigos
          Escribes: *Se hacen amigos en el viaje a los Estados Unidos.*

1. en la frontera

_____

2. perfectamente

_____

3. rápidamente

_____

4. muchísimo

_____

5. en la primavera

_____

6. mucho

_____

7. en el otoño

_____

8. en el invierno

_____

9. durante largo rato

_____

10. felices

_____

11. con pasión

_____

12. otra vez

_____

REPASEMOS 3

Expressing likes and dislikes: Verbs like *gustar* (Textbook p. 74)

03-17 La opinión de Sonia. Sonia le dice a Rafael lo que piensa sobre otros estudiantes hispanos de la universidad. Completa sus frases con la respuesta lógica.

1. A ti te disgustan _____   a. las malas noticias sobre tu país.

2. A nosotros nos aburre _____   b. que los inmigrantes tengan que trabajar tan duro.

3. A Sofía le interesa _____   c. la clase de estadística.

4. A Juan y a Ana les faltan _____ d. el puesto de trabajo anunciado en el periódico.

5. A nosotros nos parece injusto _____   e. dos clases para graduarse.

03-18 Hablan los hispanos. Hoy hay cinco hispanos en un programa de Univisión. Escribe algunas de las opiniones de éstos sobre su vida en los Estados Unidos. Usa los verbos entre paréntesis y la estructura de los verbos como *gustar*. Usa tu imaginación y lo que has aprendido en este capítulo sobre los inmigrantes para escribir oraciones originales.

MODELO: Elisa (dominicana)
(fascinar) *A Elisa le fascina la comida de los Estados Unidos.*
(disgustar) *Le disgusta el racismo.*

1. Carolina (chilena)

   (gustar) _____.

   (faltar) _____.

2. Silvio y Yolanda (cubanos)

   (encantar) _____.

   (molestar) _____.

3. Paloma y Manolo (españoles)

   (entusiasmar) _____.

   (parecer) _____.

03-19 ¡Muchísimo! Escucha los siguientes minidiálogos y selecciona la respuesta correcta para indicar de qué están hablando en cada uno.

1. a. los programas de televisión hispanos   b. la música latina

2. a. otras culturas   b. la literatura chicana

3. a. la comida mexicana   b. las enchiladas

4. a. las películas de Antonio Banderas   b. una canción de Shakira

APRENDAMOS 1

Expressing inequality: Comparisons (Textbook pp. 76–77)

03-20 ¿Cómo son? Compara los hábitos culturales de Carlos y Heather, y completa las frases con las comparaciones de desigualdad.

Carlos	Heather
Trabaja cinco horas al día.	Trabaja diez horas al día.
Toma un café con sus compañeros de trabajo dos veces al día.	Nunca toma café con sus compañeros de trabajo.
Habla con sus padres todos los días.	Habla con sus padres una vez a la semana.
Trabaja en una oficina pequeña.	Trabaja en una oficina muy grande.
Siempre llega tarde al trabajo.	Es muy puntual.

MODELO: Carlos trabaja *menos* horas *que* Heather.

1. Carlos toma _____ café _____ Heather.

2. Carlos habla _____ con sus padres _____ Heather.

3. Carlos trabaja en una oficina _____ grande _____ Heather.

4. Carlos es _____ puntual _____ Heather.

03-21 ¿Cuántos hay? Escucha las siguientes afirmaciones y decide si son ciertas o falsas basándote en la información de la tabla. Si no aparece la información, selecciona *No se menciona*.

Nacionalidades	Número de habitantes en los Estados Unidos
Puertorriqueños	4 millones
Hondureños	470 mil
Costarricenses	110 mil
Cubanos	1 millón 480 mil
Mexicanos	27 millones
Guatemaltecos	770 mil
Panameños	140 mil
Argentinos	190 mil

1. Cierto   Falso   No se menciona
2. Cierto   Falso   No se menciona
3. Cierto   Falso   No se menciona
4. Cierto   Falso   No se menciona
5. Cierto   Falso   No se menciona
6. Cierto   Falso   No se menciona

03-22 Apartamentos en Buenos Aires. Lee la información sobre las ofertas inmobiliarias. Luego, completa las frases con las comparaciones de desigualdad.

Tenemos tres apartamentos para ofrecerle. Éstos son los datos:

Apartamento 1	Apartamento 2	Apartamento 3
Ubicación: Barrio norte	Ubicación: Zona sur	Ubicación: Zona sur
Tamaño: dos dormitorios y un baño	Tamaño: tres dormitorios y dos baños	Tamaño: un dormitorio y un baño
Precio: 1.500 pesos	Precio: 1.400 pesos	Precio: 1.200 pesos

Podemos visitarlos todos esta mañana: los de la zona sur a las diez y el de barrio norte a las once y media.

1. Hay _____ apartamentos en el barrio norte _____ en la zona sur.

2. Un apartamento de la zona sur es _____ grande _____ el otro.

3. Uno de los apartamentos tiene _____ un baño.

4. Dos de los apartamentos cuestan _____ mil quinientos pesos.

5. El apartamento del barrio norte es _____ caro _____ los de la zona sur.

6. El apartamento de 3 dormitorios es _____ caro _____ el de 2 dormitorios.

APRENDAMOS 2

Expressing equality: Comparisons (Textbook p. 80)

03-23 Dos amigas. Alicia y Sonia son muy similares; lee el siguiente párrafo y luego completa las oraciones con las comparaciones de igualdad.

A Alicia y Sonia les gusta mucho viajar. Este verano Sonia visitó diez países europeos durante sus vacaciones. Alicia también visitó diez países, pero en Latinoamérica. Ellas trabajan mucho durante el año. Sonia trabaja hasta cincuenta horas por semana en una oficina de abogados. Alicia trabaja el mismo número de horas en su oficina como arquitecta. Las dos viven en un apartamento de dos dormitorios, pero una vive en Boston y la otra en San Francisco. Ellas asistieron a la misma universidad en Texas. Ahora se comunican por correo electrónico. Alicia le escribe quince mensajes por semana y Sonia se los contesta. Para las Fiestas de fin de año van a estar juntas en Nueva York donde viven sus padres.

MODELO: Este verano Sonia visitó *tantos* países *como* Alicia.

1. A Alicia le gusta viajar _____ a Sonia.

2. Alicia trabaja _____ horas por semana _____ Sonia.

3. El apartamento de Sonia es _____ grande _____ el de Alicia.

4. Alicia escribe _____ mensajes por semana _____ Sonia.

5. _____ los padres de Alicia _____ los de Sonia viven en Nueva York.

6. _____ Alicia _____ Sonia van a estar en Nueva York para las Fiestas.

03-24 Comparando países y ciudades. Completa las frases con las estructuras de comparación. Sigue el modelo.

MODELO: Costa Rica tiene 4 millones y medio de habitantes.
Nicaragua tiene casi 5 millones y medio de habitantes.
Costa Rica tiene *menos* habitantes *que* Nicaragua.
Costa Rica no tiene *tantos* habitantes *como* Nicaragua.

Buenos Aires tiene 11 millones de habitantes.
La Ciudad de México tiene 20 millones de habitantes.

1. Buenos Aires tiene _____ habitantes _____ la Ciudad de México.

2. Buenos Aires no es _____ grande _____ la Ciudad de México.

Costa Rica tiene 4.579.000 habitantes.
El Salvador tiene 6.163.000 habitantes.

3. Costa Rica tiene _____ habitantes _____ El Salvador.

4. Costa Rica no tiene _____ habitantes _____ El Salvador.

Cuba tiene 11.204.000 habitantes.
Colombia tiene 45.310.000 habitantes.

5. Colombia tiene _____ habitantes _____ Cuba.

6. Cuba no tiene _____ habitantes _____ Colombia.

La Paz tiene 788.235 habitantes.
Montevideo tiene 1.326.000 habitantes.

7. La Paz tiene _____ habitantes _____ Montevideo.

8. La Paz no tiene _____ habitantes _____ Montevideo.

03-25 Más comparaciones. Vuelve a leer la información sobre las ofertas inmobiliarias. Luego, escucha las afirmaciones y decide si son ciertas o falsas. Si no se dice, selecciona *No se menciona*.

Tenemos tres apartamentos para ofrecerle. Éstos son los datos:

Apartamento 1	Apartamento 2	Apartamento 3
Ubicación: Barrio norte	Ubicación: Zona sur	Ubicación: Zona sur
Tamaño: dos dormitorios y un baño	Tamaño: tres dormitorios y dos baños	Tamaño: un dormitorio y un baño
Precio: 1.500 pesos	Precio: 1.400 pesos	Precio: 1.200 pesos

Podemos visitarlos todos esta mañana: los de la zona sur a las diez y el de barrio norte a las once y media.

1. Cierto   Falso   No se menciona
2. Cierto   Falso   No se menciona
3. Cierto   Falso   No se menciona
4. Cierto   Falso   No se menciona
5. Cierto   Falso   No se menciona
6. Cierto   Falso   No se menciona
7. Cierto   Falso   No se menciona
8. Cierto   Falso   No se menciona

03-26 Tres ciudades junto al mar. Escucha las comparaciones sobre La Solariega, Villa del Bosque y Mar Azul. Luego, escribe el nombre de cada una de las ciudades.

Ciudad:	A	B	C
habitantes	30.000	30.000	50.000
campings	8	6	7
cines	4	4	10
pistas de tenis	6	5	6
restaurantes	12	8	12
piscinas	4	4	2
playas	5	4	10
campos de golf	0	1	1
lluvia por año	100 ml	100 ml	200 ml

1. A: _____
2. B: _____
3. C: _____

APRENDAMOS 3

Expressing sequence of actions: Infinitive after preposition (Textbook p. 82)

03-27 Una reunión multicultural. Lola te explica lo que hace para preparar una reunión con la gente de su barrio. Muchos tienen nacionalidades diferentes. Escucha las oraciones y decide si las siguientes afirmaciones son ciertas o falsas. Si no se dice, selecciona *No se menciona*.

1. Para preparar una reunión perfecta, Lola no necesita hacer nada especial.	Cierto	Falso	No se menciona
2. Para encontrar un lugar adecuado, Lola habla con los vecinos del barrio.	Cierto	Falso	No se menciona
3. Para tener música variada, Lola necesita contratar a unos buenos músicos latinos.	Cierto	Falso	No se menciona
4. Para complacer a todos, Lola contrata a cocineros de varios países.	Cierto	Falso	No se menciona
5. Para asegurarse de que no falte comida, Lola compra mucha fruta.	Cierto	Falso	No se menciona
6. Para estar lista para la fiesta, Lola va a la peluquería por la mañana.	Cierto	Falso	No se menciona

03-28 La reacción de Víctor. Completa la explicación que le dio Víctor a Rebeca con las preposiciones siguientes.

al	antes de	después de
para	sin	de

"Rebeca, tú estás loca. No sé si es porque somos de culturas diferentes pero (1) _____ oír lo que acabas de decir, me doy cuenta de que no me conoces. ¿Sabes por qué llamé a Cristina la otra noche? La llamé (2) _____ hablar de ti. Ella está también muy preocupada con tu comportamiento últimamente. El otro día se cruzó contigo en la calle (3) _____ salir del trabajo y tú no la saludaste. ¿Es que no la viste? No puedes pasar delante de tu mejor amiga (4) _____ decirle hola, ¿no crees? Ya sé que piensas que yo soy la causa de todas tus preocupaciones, pero (5) _____ acusarme de ser un marido infiel, debes asegurarte de lo que dices. Y sobre el hecho de ir al café Picasso con Cristina, ¿no es lo más lógico que, si trabajo con ella, nos tomemos de vez en cuando un café? (6) _____ haber sabido que te molestaría, no lo habría hecho".

03-29 Mi mejor amigo. Tu mejor amigo y tú acaban de tener una conversación sobre la amistad, después de haber tenido una pequeña discusión. Escribe cinco oraciones explicando lo que significa para ti ser un buen amigo, como en el modelo.

MODELO: *Para ser un buen amigo, es importante saber escuchar.*

1. _____
2. _____
3. _____
4. _____
5. _____

■ Conversemos sobre las lecturas

03-30 Casi una mujer. Esmeralda Santiago escribió un libro sobre sus experiencias como puertorriqueña en los Estados Unidos. Lee esta parte de un artículo sobre el libro y decide si las siguientes afirmaciones son *Ciertas* o *Falsas*. Si no se menciona en el artículo, selecciona la opción *No se menciona*.

De San Juan a Nueva York

Casi una mujer es la segunda autobiografía de la famosa escritora puertorriqueña, Esmeralda Santiago. En el libro se narra la historia de una niña de trece años que deja a su padre y su país para venir a los Estados Unidos con sus hermanitos y su madre. Santiago nos narra el proceso de adaptación de esta niña a la nueva cultura y a la vez su conflicto al querer mantener sus raíces.

La historia transcurre en Nueva York donde la protagonista vive con su familia en una comunidad latina, pero a la vez nos lleva a Puerto Rico a través de los recuerdos de la niña de su paisaje y de la relación con su padre.

La lengua juega un papel fundamental en la novela, y podemos ver la lucha de la niña para poder dominar el inglés. La educación es otro de los temas claves en la autobiografía de Santiago.

Es claro que la única posibilidad de la protagonista para tener éxito es a través de la educación. Ésta se convierte en la tabla de salvación que le permite por un lado asimilarse a la nueva cultura y por el otro conquistar sus propios miedos. Al final del libro nos encontramos con una mujer totalmente bilingüe y lista para alcanzar su sueño de ser actriz y tener éxito en su nueva vida. Es un libro optimista y refrescante que nos muestra los éxitos y las dificultades de una joven en el proceso de adaptarse a una nueva cultura.

    Esta autobiografía de Santiago ha sido adaptada a la televisión por un canal público de Boston para la serie *PBS Masterpiece Theatre*.

1. Esmeralda Santiago es de Puerto Rico.	Cierto	Falso	No se menciona
2. Escribió un libro sobre una niña estadounidense en Puerto Rico y el proceso de adaptación.	Cierto	Falso	No se menciona
3. La niña tiene dos hermanos y una hermana.	Cierto	Falso	No se menciona
4. Los dos temas claves del libro son el aprendizaje del inglés y la educación.	Cierto	Falso	No se menciona
5. Al final del libro, la niña decide volver a Puerto Rico para ser cantante.	Cierto	Falso	No se menciona
6. El libro ha sido adaptado a la televisión.	Cierto	Falso	No se menciona

Ventana al mundo

Los chicanos (Textbook p. 84)

03-31 Tus conocimientos de la cultura chicana. Después de leer la *Ventana al mundo* en la página 84 sobre los chicanos, decides explorar tus conocimientos globales de la cultura chicana. Completa las oraciones con las palabras apropiadas.

| César Chávez | comida | norteña | sesenta |

1. En el siglo XX, el movimiento migratorio de los mexicanos hacia los EE.UU. creció en importancia durante la década de los años _____.

2. Un gran líder chicano del siglo XX que quería mejorar las condiciones laborales de los trabajadores de origen hispano se llamaba _____.

3. La comunidad chicana es aficionada a la música de los mariachis y a la música _____, las cuales muestran influencias indígenas y europeas.

4. Una de las grandes influencias de los chicanos en los EE.UU. se ve en la _____, por ejemplo los burritos y la ensalada de taco.

03-32 ¿Qué te dice el video? Al mirar el video, escribe las respuestas a las siguientes preguntas en los espacios.

1. Según el video, las formas de expresión de la cultura chicana son el arte pictórico muralista, la cocina, el comercio, el teatro popular, la música y _____.

2. La forma de expresión que más se asocia con la cultura chicana es la _____.

3. Los grupos musicales norteños más modernos utilizan teclados, bajos y percusión _____, además de los instrumentos tradicionales apreciados por los chicanos.

4. Las canciones románticas que son parte de la serenata tradicional a la novia se llaman los _____.

5. El estilo de ropa de los vaqueros y el de los _____ influye la manera de vestir de los grupos musicales norteños.

03-33 ¿Qué opinas tú? Contesta cada una de las siguientes preguntas en un párrafo de cinco a seis oraciones.

1. En tu familia o en tu comunidad, ¿hay un tipo de música o de baile folclórico bastante popular? Especula sobre sus orígenes.

2. Para ti, ¿qué tipo de música se puede considerar como la más típicamente estadounidense? Da una explicación muy convincente para apoyar tu opinión.

3. El arte pictórico muralista es muy importante para la cultura chicana. ¿Hay otros grupos en los EE.UU. o en otros países que se expresan por medio del arte pictórico muralista también? Escoge uno de ellos y compara su arte con el de los chicanos.

_____

_____

_____

_____

_____

■ Avancemos con la escritura

03-34 Opiniones. A continuación tienes las opiniones de cuatro estadounidenses sobre la presencia de los hispanos en los Estados Unidos. Elige una opinión y di si estás de acuerdo o no. En un párrafo de ocho oraciones, explica por qué piensas así.

A mí me preocupa mucho que haya tantos latinos en este estado. Los latinos nos quitan el trabajo y obligan a las escuelas a gastar dinero en programas bilingües.

(J.O.R., California)

A mí me gusta mucho ver a tantos latinos por las calles de mi ciudad. Los inmigrantes son buenos para este país porque traen otros valores culturales y nos enseñan maneras diferentes de pensar y vivir.

(J.P.R., Texas)

A mí me molesta oír el español por la calle, leer letreros de "Se habla español" en las tiendas y ver que muchas instrucciones están en inglés y en español. ¿Por qué no aprenden inglés los latinos y se olvidan de su lengua? Para eso estamos en los Estados Unidos.

(J.Q.R., Florida)

Me parece bien que los inmigrantes latinos conserven sus tradiciones —si es eso lo que quieren. Pero a mí no me interesa su cultura porque creo que no tiene nada que ofrecernos a nosotros los "anglos".

(J.R.R., New York)

_____

_____

_____

_____

_____

_____

_____

03-35 Dictado: "No Speak English". Transcribe el fragmento que escucharás a continuación.

_____

_____

_____

_____

_____

_____

_____

_____

_____

_____

Repaso 1

R01-01 Familia, emigración, viajes. En cada serie de palabras, selecciona la palabra que no pertenezca al grupo.

1. a. suegro
   b. cuñado
   c. yerno
   d. hermana

2. a. justo
   b. leal
   c. sensato
   d. perezoso

3. a. maternidad
   b. embarazo
   c. viudo
   d. bebé

4. a. indocumentado
   b. tarjeta de residente
   c. permiso de trabajo
   d. imprevisto

5. a. mudarse
   b. suspirar
   c. emigrar
   d. establecerse

6. a. avión
   b. velero
   c. barco
   d. equipaje

7. a. disfrutar
   b. divertirse
   c. abordar
   d. pasarlo bien

8. a. navegar
   b. bucear
   c. escalar
   d. esquí acuático

R01-02 Los viajes. La hermana de Manolo está visitando Costa Rica. Usa las palabras apropiadas para completar los párrafos a continuación y haz los cambios necesarios.

| divertido | río | gustar | nivel de vida | paisaje | según |

Mi hermana está de vacaciones en Costa Rica con dos amigos. A los tres les (1) _____ mucho Costa Rica. Ella dice que tiene un (2) _____ bellísimo, con muchos (3) _____ y playas. (4) _____ ella, lo mejor de Costa Rica es su naturaleza.

Los costarricenses son muy (5) _____ y tienen un buen (6) _____. Mi hermana me dice que está muy contenta en Costa Rica.

R01-03 Una postal. Ana le escribe una postal a su hermano Manolo desde Costa Rica. Escribe la postal desde el punto de vista de Ana, utilizando **cinco** de las siguientes palabras. Puedes investigar un poco del país antes de escribir.

población	cultivar	montañas	sacar fotos
estadía	excursión	soleado	

_____

_____

_____

_____

_____

R01-04 La boda de Julia. La otra hermana de Manolo va a casarse el próximo sábado; en su casa todos están muy contentos y ocupados con los preparativos. Usa los verbos *ser* y *estar* en el presente para completar los párrafos a continuación.

Nosotros (1) _____ muy contentos por la boda de Julia. (2) _____ el próximo sábado a las seis de la tarde en la Iglesia del Carmen. La recepción (3) _____ en un restaurante típico donde sirven comida mexicana. Julia (4) _____ un poco nerviosa, pero yo creo que sin razón porque ya todo (5) _____ preparado.

   Carlos, su novio, (6) _____ simpático y se lleva bien con nuestra familia. Ahora Julia y él (7) _____ planeando su luna de miel en España. ¡Ellos (8) _____ tan enamorados!

R01-05 El parque central. Las hermanas de Manolo deciden pasar el día con sus amigas. Completa las frases con la respuesta lógica.

1. Las chicas están nadando _____.
2. Unos muchachos van navegando un velero a _____.
3. Ester anda corriendo por _____.
4. Yo me dormí y estaba soñando _____.
5. Hay unos niños jugando _____.
6. Algunas aves andan volando _____.
7. Una joven está haciendo _____.

a. el bosque
b. en el lago
c. esquí acuático
d. la isla en el medio del lago
e. que me caía de un acantilado
f. con la arena
g. de un árbol a otro

R01-06 La familia de Ana. Ana les cuenta a sus amigas lo que hacen ella y su familia. Completa las oraciones con la forma correcta del verbo en el presente.

1. Mi hermano Manolo _____ el más divertido de la casa. (ser)
2. Nosotros _____ cada domingo a visitar a los abuelos. (ir)
3. Mis abuelos _____ cocinar comida mexicana para nosotros. (preferir)
4. Yo _____ cada fin de semana con mis primos. (salir)
5. Mis padres _____ juntos todos los días. (almorzar)
6. Julia _____ al tenis todos los sábados con su novio. (jugar)

R01-07 Dos aldeas en Guatemala. Estrella está leyendo sobre la aldea en la que va a vivir y una aldea vecina. Lee la información de las dos y luego escribe cinco comparaciones, según el modelo.

	La aldea de Estrella	Una aldea vecina
Población:	1.000 habitantes	1.500 habitantes
Fundación:	en el siglo XVII	en la época precolombina
Geografía:	en el norte del país	en el noreste del país
Superficie:	100 km^2	150 km^2
Distancia a la capital:	50 km	62 km
Temperatura:	16 grados	12 grados

MODELO: *La aldea de Estrella es menos antigua que la aldea vecina.*

1. _____.
2. _____.
3. _____.
4. _____.
5. _____.

R01-08 Más comparaciones. Estrella ha tomado nota al leer sobre las aldeas. Completa sus oraciones con las comparaciones de igualdad, según el modelo.

	La aldea de Estrella	Una aldea vecina
Población:	1.000 habitantes	1.500 habitantes
Fundación:	en el siglo XVII	en la época precolombina
Geografía:	en el norte del país	en el noreste del país
Superficie:	100 km^2	150 km^2
Distancia a la capital:	50 km	62 km
Temperatura:	16 grados	12 grados

MODELO: La aldea de Estrella no es *tan* antigua *como* la otra aldea.

1. La aldea de Estrella no tiene _____ habitantes _____ la otra.
2. Para ir de la capital a su aldea no hay que manejar _____ para ir de la capital a la otra.
3. Su aldea no es _____ grande _____ la otra.
4. No hace _____ frío en su aldea _____ en la otra.

R01-09 David y Cristina. David y Cristina son dos amigos cubanos de Julia que estudian con ella en la universidad. Los tres están hablando sobre la cultura cubana. Escribe lo que dicen los amigos uniendo las frases.

A mi madre	me encanta	unos plátanos para hacer el arroz a la cubana
A ti	nos interesan	la música de Cuba
A mí	les fascina	la cocina cubana
A algunos estudiantes	no le quedan	muchos parientes en Cuba
A nosotros	te faltan	las noticias sobre Cuba

1. _____
2. _____
3. _____
4. _____
5. _____

R01-10 Opiniones de la familia. Rebeca y sus amigos de Costa Rica están compartiendo algunas opiniones propias y de su familia sobre los hispanos. Escribe sus ideas, añadiendo las palabras necesarias y teniendo cuidado con las formas de los verbos, como en el modelo.

MODELO: a nosotros / encantar / tener una comunidad hispana en nuestro barrio
A nosotros nos encanta tener una comunidad hispana en nuestro barrio.

1. a ti / disgustar / las condiciones en que viven los inmigrantes

_____

2. a mí / molestar / las actitudes racistas de algunas personas

_____

3. a mi madre / fascinar / la comida que prepara mi abuela mexicana

_____

4. a Carlos y a mi hermana Julia / caer bien / nuestro vecino guatemalteco

_____

5. a todos nosotros / parecer / que debemos mantener nuestra lengua y nuestra cultura

_____

R01-11 La historia de mi familia materna. Julia escribió la historia de su familia materna en el presente. Cambia el texto al pasado usando el pretérito o el imperfecto, según sea necesario, y escribe los verbos abajo.

Mis abuelos (1) emigran a California en 1944. (2) Son los años de la Segunda Guerra Mundial y las fábricas (3) necesitan trabajadores, porque muchos norteamericanos (4) están combatiendo en Europa. Al llegar, no (5) tienen problemas para encontrar trabajo. A los dos años (6) compran un coche y una casa. Mi madre (7) nace en 1950. Cuando (8) es una niña (9) habla solamente español, pero en la escuela (10) empieza a estudiar inglés.

1. _____
2. _____
3. _____
4. _____
5. _____
6. _____
7. _____
8. _____
9. _____
10. _____

R01-12 Los abuelos paternos. Para terminar, Julia cuenta también cómo se conocieron sus abuelos paternos. Usa el pretérito o el imperfecto de los verbos entre paréntesis para completar su narración.

El abuelo Luis:

Mi abuelo (1) _____ (tener) que emigrar a los Estados Unidos porque era el hijo mayor de una familia muy pobre y necesitaba mandar dinero a sus padres. Mi abuelo no (2) _____ (saber) hablar inglés y por eso sus primeros dos años aquí fueron muy difíciles. Por suerte, antes de venir (3) _____ (conocer) a otros jóvenes de su ciudad que también vinieron a trabajar con él. Después de trabajar muy duro por muchos años, (4) _____ (poder) abrir su propio restaurante.

La abuela Pilar:

La abuela (5) _____ (conocer) al abuelo una Nochebuena. Su hermano tuvo un problema con el camión en la carretera. Un joven mexicano que también trabajaba con un camión, paró y lo trajo a casa. Lo invitaron a quedarse a cenar, pero el joven no (6) _____ (querer) aceptar la invitación. Mi abuela era camarera y vio de nuevo al joven en el restaurante donde trabajaba. Él iba al restaurante cada vez con más frecuencia y por fin, un día, la invitó al cine. Así empezó todo. Mi abuela (7) _____ (saber) después, que aquella primera Nochebuena mi abuelo cenó solo y pensó en ella toda la noche.

R01-13 ¿Y tus abuelos? Escribe un pequeño párrafo para contar cómo se conocieron tus abuelos, tus padres, tus tíos u otros miembros de tu familia. Escribe por lo menos cinco oraciones.

_____

_____

_____

_____

_____

_____

_____

4   Hablemos de donde vivimos

▓ En marcha con las palabras

En contexto: El Congreso de Protección del Medio Ambiente (Textbook p. 95)

04-01 Palabras y más palabras. Selecciona la palabra que no pertenece a cada grupo.

1. **a.** glaciar   **b.** reforestación   **c.** tala
2. **a.** desperdicio   **b.** basura   **c.** fábrica
3. **a.** siembra   **b.** vidrio   **c.** envase
4. **a.** medio ambiente   **b.** planeta   **c.** catástrofe
5. **a.** desperdiciar   **b.** suceder   **c.** malgastar
6. **a.** reutilizar   **b.** malgastar   **c.** reciclar
7. **a.** medio ambiente   **b.** calentamiento global   **c.** rapidez

04-02 Asociaciones. Tu amigo te dio una lista de palabras para que las asociaras. Asocia cada palabra o frase con la que mejor corresponde.

1. emisión de gases_____   **a.** contaminación
2. tela _____   **b.** terreno
3. siembra_____   **c.** Marte
4. correo _____   **d.** vestido
5. planeta _____   **e.** carta
6. cosméticos _____   **f.** lápiz labial

 04-03 Hay mucha contaminación. Escucha las siguientes oraciones y decide si son lógicas o ilógicas.

1. lógica   ilógica
2. lógica   ilógica
3. lógica   ilógica
4. lógica   ilógica
5. lógica   ilógica
6. lógica   ilógica
7. lógica   ilógica
8. lógica   ilógica

04-04 Prueba de memoria. Ayer estuviste leyendo unos textos sobre el medio ambiente y aprendiste estas palabras. Escribe la palabra correcta para cada una de las definiciones siguientes.

basura	contaminado	reforestación
talar	calentamiento global	naturaleza

MODELO: donde se hacen objetos: *fábrica*

1. Desechos, residuos: _____

2. Aumento de temperatura en nuestro planeta: _____

3. Sucio, con muchos desechos: _____

4. Cortar los árboles: _____

5. El hecho de volver a plantar árboles: _____

6. Lo que queremos cuidar cuando reciclamos: _____

04-05 Definiciones. Escucha las definiciones y asocia cada una con la palabra correcta.

1. _____   **a.** envase
2. _____   **b.** reutilizar
3. _____   **c.** reducir
4. _____   **d.** recursos naturales
5. _____   **e.** basura
6. _____   **f.** vidrio
7. _____   **g.** calentar
8. _____   **h.** ecología

04-06 Tus definiciones. Tu amiga te hace una prueba para ver cuántas palabras aprendiste sobre el medio ambiente. Describe cada palabra oralmente.

MODELO: desempleado
          Un desempleado es una persona que no tiene trabajo.

1. un envase
2. el desperdicio
3. contaminar
4. malgastar
5. un glaciar

04-07 Orientación profesional. Seis estudiantes están pensando en hacer algún tipo de estudio sobre el medio ambiente. Tú debes ayudarlos a encontrar el curso apropiado. Escucha lo que desea cada uno y escribe su nombre en el espacio correcto. Los nombres de los estudiantes son: Marina, Esteban, Lucía, Fernando, Marcia y Roberto.

1. Tema: Nuevas formas de sembrar la tierra y de aprovechar los recursos naturales.

   Lugar: Chile

   Duración: Un mes

   Fechas: Julio y agosto

   Este curso es apropiado para _____.

2. Tema: Limpieza de ríos y vías navegables, especialmente recuperación de las aguas contaminadas por desechos petroleros.

   Lugar: México

   Duración: Dos semanas

   Fechas: 1 al 15 de julio

   Este curso es apropiado para _____.

3. Tema: El calentamiento del planeta y la protección de la capa de ozono. El cambio climático y sus consecuencias.

   Lugar: Chile y por Internet. Los cursos se siguen por Internet y hay un examen final en Santiago durante el mes de marzo.

   Este curso es apropiado para _____.

4. Tema: Estudios para la protección de los bosques y otros recursos naturales.

   Lugar: España

   Duración: Tres cursos de dos semanas cada uno

   Fechas: Cursos en el otoño, la primavera o el verano.

   Este curso es apropiado para _____.

5. Tema: El problema del calentamiento. Análisis de las especies animales en vías de extinción.

   Lugar: España

   Duración: Un mes

   Fechas: Todo el año excepto en los meses de julio y agosto

   Este curso es apropiado para _____.

6. Tema: Nuevas perspectivas en el reciclado de materiales de desecho. Reaprovechamiento creativo de la basura generada en las casas y viviendas. Nuevos métodos de reutilización del papel y el cartón. Envases ecológicos.

   Lugar: España

   Duración: 30 horas

   Fechas: julio y agosto

   Este curso es apropiado para _____.

¡Sin duda! *(Textbook p. 99)*

04-08 Un parque público. En el pueblo de San Fernando se publicó un anuncio para invitar a todos los vecinos a participar en la construcción de un parque. Usa el verbo apropiado en la forma correcta para completar el anuncio de la alcaldesa.

suceder	conseguir	lograr	tener éxito

Ciudadanos:

Escribo este anuncio porque va a (1) _____ algo importante en nuestro pueblo próximamente. El año pasado nuestro municipio (2) _____ un nuevo terreno para la construcción de un parque público. El mes pasado, por fin obtuvimos los 10.000 árboles gratis que habíamos pedido al Servicio de Parques Nacionales. Queremos plantar todos los árboles el próximo fin de semana. Para (3) _____ con este proyecto, necesitamos la ayuda de todos. Por fin vamos a (4) _____ tener el parque con el que siempre hemos soñado. ¡Vengan todos el sábado y el domingo, y planten un árbol!

Así se dice *(Textbook p. 101)*

04-09 Elecciones municipales. Uno de los candidatos a alcalde del municipio de Santa Rosa habló con un grupo de ciudadanos sobre su plan ecológico. Reacciona a cada una de sus ideas oralmente, utilizando las expresiones de la sección *Así se dice* de tu libro de texto.

1. Voy a hacer una campaña de un año entero para llamar la atención de la gente sobre la importancia del reciclaje.

2. Durante los tres primeros meses, daré a cada hogar un cheque de recompensa a aquellos que reciclen papel, vidrio y envases.

3. Es necesario que actuemos urgentemente porque la contaminación en nuestra región ha aumentado mucho en los últimos años.

4. Si trabajamos todos juntos, estoy convencido de que nuestro municipio se puede convertir en un ejemplo para los municipios vecinos en los próximos meses.

04-10 Econoticia. Escucha la noticia de la radio y di si las afirmaciones son ciertas o falsas o si la información *No se menciona*.

1. Los residuos de las ciudades equivalen al 13% del total de basura.	Cierto	Falso	No se menciona
2. El 46% son papeles.	Cierto	Falso	No se menciona
3. El 21% es materia orgánica.	Cierto	Falso	No se menciona
4. El 17% es vidrio.	Cierto	Falso	No se menciona
5. El 11% son plásticos.	Cierto	Falso	No se menciona
6. El 5% son residuos textiles.	Cierto	Falso	No se menciona
7. El 20% lo componen otros residuos.	Cierto	Falso	No se menciona
8. La próxima econoticia es la semana próxima.	Cierto	Falso	No se menciona

Nombre: _____   Fecha: _____

04-11 Conciencia ecológica. Una radio local hace una encuesta en la calle para conocer los hábitos de la gente. Escucha la encuesta y selecciona el nombre de cada persona (Marta, Cecilia y/o Ignacio) que responde afirmativamente a la pregunta. Puede ser más de una persona por cada respuesta.

1. ¿Recicla papeles y cartones?   Marta   Cecilia   Ignacio
2. ¿Recicla el vidrio?   Marta   Cecilia   Ignacio
3. ¿Usa pilas recargables?   Marta   Cecilia   Ignacio
4. ¿Va en su auto al trabajo?   Marta   Cecilia   Ignacio
5. ¿Usa transporte público?   Marta   Cecilia   Ignacio

04-12 Dialoguitos. Lee las siguientes oraciones y decide a qué dibujo corresponde cada una. Luego asocia el dibujo con la descripción correcta.

1. _____

2. _____

3. _____

4. _____

5. _____

a. ¡Qué manera de desperdiciar agua! No hay manera de que estos chicos cierren bien los grifos.

b. ¡Cuánta contaminación! A partir de mañana voy a ir a trabajar en metro.

c. Acá nadie recicla el papel. Y somos más de veinte personas.

d. Ay, no, qué horror. Esa fábrica nos está contaminando el río.

e. Tú ves cómo está este bosque. Han talado todos los árboles.

◼ Sigamos con las estructuras

REPASEMOS 1

Distinguishing between people and things: The personal *a* (Textbook p. 103)

04-13 Ciudadanos conscientes. El gobierno de la ciudad ha enviado a todas las casas unas sugerencias sencillas para cuidar de las calles y los parques de la ciudad. Completa la información con *a* donde sea necesaria. Si no se necesita la *a* personal, escribe una "X".

Saque (1) _____ su perro al parque, pero no se olvide de limpiar después. No ponga (2) _____ el vidrio con el resto de la basura. Si no hay transporte público cerca, lleve (3) _____ sus vecinos al trabajo en su coche y comparta (4) _____ los gastos de gasolina con ellos. No deje (5) _____ las bolsas de basura en la acera; póngalas en los contenedores. Enséñeles (6) _____ sus hijos que no deben tirar papeles en la calle. Si cambia (7) _____ los electrodomésticos de la cocina, elija los que consuman menos energía. Cuide (8) _____ la ciudad donde vive como si fuera su propia casa.

04-14 ¿Un trabajo? Tienes un amigo que busca trabajo y va a conocer tu empresa. Lee las siguientes oraciones y coloca la preposición *a* cuando sea necesaria. Si no se necesita la *a* personal, escribe una "X".

1. ¿Buscas _____ un encargado de recursos naturales? Hay dos en el departamento.

2. En mi trabajo, busco _____ soluciones para los problemas ambientales.

3. Ése que está allí es _____ el presidente de la comisión de reciclado.

4. Te presento _____ la responsable del medio ambiente del municipio.

5. Tú tienes que escribirle _____ la directora si quieres trabajar acá.

6. Vamos a hablarle _____ la ingeniera Domínguez.

Repasemos 2

Avoiding repetition of nouns: Direct object pronouns (Textbook p. 104)

04-15 Buenos planes. Rebeca le describe a un amigo lo que hace para no contaminar. Su amigo está de acuerdo con ella. Escribe lo que él dice, según el modelo.

MODELO: Tengo que buscar el centro para reciclar.
Yo también tengo que buscarlo. o
Yo también lo tengo que buscar.

1. Voy a comprar productos de limpieza en envases reciclables.

_____

2. Estoy guardando todo el papel.

_____

3. Debo ahorrar agua.

_____

4. Pienso reciclar las pilas.

_____

04-16 Unos consejos. El amigo de Rebeca le está dando algunos consejos. Escribe sus consejos de nuevo, usando los pronombres de objeto directo que correspondan.

MODELO: Pon la secadora solamente en el invierno.
Ponla solamente en el invierno.

1. No tengas siempre la televisión encendida.

_____

2. Echa los restos en el cubo de basura.

_____

3. No uses servilletas de papel.

_____

4. Compra jabón biodegradable.

_____

5. No tires las bolsas de plástico a la basura.

_____

04-17 ¿A qué se refieren? Escucha las siguientes oraciones y selecciona la respuesta que indica a qué o a quién se refieren.

1. a. a los ingenieros de la fábrica
   b. a las personas del municipio

2. a. los envases
   b. la basura

3. a. las latas
   b. los bosques tropicales

4. a. la capa de ozono
   b. el medio ambiente

5. a. los aerosoles
   b. la contaminación

6. a. las fábricas
   b. el cartón

04-18 Los buenos ecologistas. El municipio de San Fernando de Henares (Madrid) envió un cuestionario a los ciudadanos para saber lo que hacen por el medio ambiente. Contesta el cuestionario usando pronombres de objeto directo.

MODELO: ¿Está usted reciclando el papel?
Sí, *lo estoy reciclando.* / Sí, *estoy reciclándolo.* o
No, *no lo estoy reciclando.* / No, *no estoy reciclándolo.*

1. ¿Recicla usted el vidrio?

Sí, _____.

2. ¿Lleva las pilas al depósito del pueblo?

Sí, _____.

3. ¿Toma usted el transporte público para ir al trabajo?

No, _____.

4. ¿Compra usted aerosoles sin CFC?

Sí, _____.

5. ¿Malgasta mucha agua?

No, _____.

04-19 ¿Quién lo hace? En la oficina hay mucho trabajo y tienes que repartir las tareas. Contesta las preguntas de acuerdo al modelo.

MODELO: Escuchas: ¿Quién llama a Susana?
Ves: Yo
Escribes: *Yo la llamo.*

1. Nosotros

_____

2. Ustedes

_____

3. Yo

_____

4. Él

_____

5. Ellas

_____

6. Usted

_____

7. Tú

_____

8. La directora

_____

REPASEMOS 3

Indicating to whom or for whom actions are done: Indirect object pronouns
(Textbook p. 106)

04-20 El colegio ecológico. Un profesor del colegio de Santiago tiene un plan original para enseñarles a los estudiantes a cuidar el medio ambiente. Ahora está hablando con el jefe del departamento sobre su plan. Usa los mandatos de la forma *usted* y los pronombres de objeto indirecto para escribir la reacción del jefe.

MODELO: no decir / nada / a los estudiantes todavía.
         No les diga nada a los estudiantes todavía.

1. presentar / al director / su plan "Colegio ecológico"

   _____

2. pedir permiso / a los profesores / para hablar con los niños

   _____

3. no pedir / a nadie / dinero para el proyecto

   _____

4. hablar / a los niños / sobre el proyecto del medio ambiente

   _____

5. explicar / a nosotros / ahora todos los detalles

   _____

6. dar / a los padres / ideas para ayudar a los niños

   _____

7. enseñar / a nosotros / los resultados del proyecto

   _____

8. mandar / al alcalde / un video sobre las actividades de los alumnos

   _____

04-21 ¿A quién? Tú eres un/a representante de tu comunidad y los ciudadanos te plantean sus gustos y preocupaciones. Escúchalos e indica a quién o a quiénes se refiere cada oración.

1. a. a ellas
   b. a nosotras

2. a. a mí
   b. a él

3. a. a ellos
   b. a ti

4. a. a mí
   b. a ellos

5. a. a nosotros
   b. a ellas

6. a. a él
   b. a ellos

7. a. a mí
   b. a ti

8. a. a mí
   b. a ella

04-22 Un nuevo trabajo. Álvaro ha conseguido un trabajo en la Comisión del Medio Ambiente de Caracas. Ahora está contándole a su amigo José sobre el nuevo trabajo. Escribe las preguntas de José basándote en cada respuesta. Presta atención a los pronombres.

MODELO:　　　JOSÉ: *¿Qué te mandaron?*
　　　　　　　ÁLVARO: Me mandaron una carta.

1. JOSÉ: ¿_____?
   ÁLVARO: Me decían que me habían aceptado para trabajar en la Comisión del Medio Ambiente.

2. JOSÉ: ¿_____?
   ÁLVARO: Le dije a mi novia que tenía que mudarme inmediatamente.

3. JOSÉ: ¿_____?
   ÁLVARO: Sí, les voy a mandar mi dirección a mis padres tan pronto como encuentre apartamento allí.

4. JOSÉ: ¿_____?
   ÁLVARO: Bueno, te explicaré todos los detalles cuando los tenga, ¿de acuerdo?

04-23 Responsabilidades. Escucha los siguientes mandatos de tu jefe. Luego decide a quién se refiere cada objeto indirecto y selecciona la respuesta correcta.

1. _____　　　　　　**a.** la ingeniería
2. _____　　　　　　**b.** a ti
3. _____　　　　　　**c.** a mí
4. _____　　　　　　**d.** a nosotros
5. _____　　　　　　**e.** a los políticos

APRENDAMOS 1

Avoiding repetition of nouns: Double object pronouns (Textbook p. 108)

04-24 Una playa limpia. La playa de Santa Cruz del Mar está contaminada y el municipio va a limpiarla. Carlota trabaja en el proyecto. Vuelve a escribir las oraciones a continuación usando los pronombres de objeto directo e indirecto.

MODELO:　　Ayer nos enviaron la carta con todos los datos.
　　　　　　Ayer nos la enviaron.

1. Ayer me dieron toda la información sobre el programa de descontaminación.

   _____

2. Mañana le voy a explicar los detalles al jefe de Medio Ambiente.

   _____

3. Esta tarde el jefe de Medio Ambiente le presenta el plan a la alcaldesa.

   _____

4. Mañana la alcaldesa nos tiene que dar su opinión sobre el programa.

   _____

5. La próxima semana le escribimos una carta al ministro.

   _____

6. Me van a encargar el trabajo de promoción del plan.

   _____

🔊 **04-25 ¿Me lo explicas?** En la oficina hay mucha gente nueva y todos tienen preguntas. Contesta las preguntas que escuches, usando los pronombres de objeto directo e indirecto, de acuerdo al modelo.

MODELO: ¿Me explicas el nuevo programa?
Sí, *te lo explico.* o
No, *no te lo explico.*

1. Sí, _____.
2. No, _____.
3. Sí, _____.
4. No, _____.
5. Sí, _____.
6. No, _____.
7. Sí, _____.
8. No, _____.

04-26 El trabajo de promoción. Carlota está muy contenta porque va a encargarse de promocionar el plan de limpieza de la playa. Ahora su amiga María le está haciendo algunas preguntas sobre su futuro trabajo. Responde a las preguntas usando los pronombres de objeto directo e indirecto.

MODELO: MARÍA: ¿Quién te recomendó este proyecto?
CARLOTA: Mi jefe *me lo recomendó.*

1.   MARÍA: ¿Le vas a dedicar mucho tiempo a ese trabajo?
CARLOTA: Sí, _____

2.   MARÍA: ¿Les vas a enviar a los profesores del colegio un video del plan?
CARLOTA: Sí, _____

3.   MARÍA: ¿Nos vas a dar más detalles del proyecto a todos tus amigos?
CARLOTA: Sí, _____

4.   MARÍA: ¿Me vas a mandar un folleto? ¡Es un plan fabuloso!
CARLOTA: Sí, _____

5.   MARÍA: ¿Les puedo explicar todo esto a mis padres?
CARLOTA: Sí, _____

🔊 **04-27 ¡Dámelo!** Todo está un poco desorganizado en la oficina y te piden muchas cosas. Contesta los mandatos que vas a escuchar de acuerdo al modelo.

MODELO: Dales las pilas.
Sí, *se las doy.* o No, *no se las doy.*

1. Sí, _____.
2. No, _____.
3. Sí, _____.
4. No, _____.
5. Sí, _____.

04-28 Una carta muy repetitiva. Manolo está corrigiendo una carta sobre el consumo de energía para su jefe. En la carta hay muchas repeticiones. Ayúdale a escribir el siguiente párrafo de nuevo usando la forma correcta del verbo con los pronombres de objeto directo e indirecto donde corresponda.

Esta carta es para (1) _____ (comunicar a todos los empleados) que debemos reducir el consumo de energía en nuestra empresa. Quiero (2) _____ (explicar a todos los empleados) que malgastamos el papel inútilmente, y que (3) (nosotros) _____ (tirar el papel) en la papelera casi sin usar y (nosotros) no (4) _____ (reusar el papel). La empresa le está dando a nuestro departamento cien mil hojas de papel semanales, pero ahora tiene que (5) _____ (dar a nosotros cien mil hojas de papel) diariamente. El director quiere (6) _____ (explicar a nosotros) por qué esto no puede continuar así. El director va a (7) _____ (enviar a nosotros) la carta con el plan de ahorro de papel. Él está (8) _____ (escribir [*present participle*] la carta) ahora y quiere (9) _____ (mandar la carta) la próxima semana.

APRENDAMOS 2

Expressing unintentional or accidental events: Reflexive construction for unplanned occurrences (Textbook p. 111)

04-29 Una familia olvidadiza. Marco tiene una familia muy despistada. Aunque tengan muchas buenas intenciones e intentan reciclar y cuidar la naturaleza, se olvidan de muchas cosas. Escribe cinco oraciones correctas con los elementos que tienes, utilizando la estructura *se* + objeto indirecto, como en el modelo.

MODELO: A mí / rompió / la caja de reciclaje
                 A mí se me rompió la caja de reciclaje.

1. A mi hermano / perdió / el calendario con las fechas de la recogida del reciclaje

_____

2. A mis padres / olvidó / reciclar el papel

_____

3. A ti / quedaron / las bolsas de reciclaje en casa de tu amiga

_____

4. A nosotros / escapó / separar los envases de plástico

_____

5. A mí / olvidó / llevar el vidrio al centro de reciclaje

_____

04-30 ¿Se te olvidó? Escucha los siguientes minidiálogos y selecciona la respuesta correcta para indicar de qué están hablando en cada uno.

1. **a.** los envases de cartón   **b.** la bolsa de reciclaje
2. **a.** las enchiladas   **b.** la comida
3. **a.** el papel y el vidrio   **b.** la lata de aluminio
4. **a.** las bolsas de basura   **b.** la caja de cartón

Nombre: _____   Fecha: _____

04-31 Una madre de vacaciones. Adela Urbino se fue de vacaciones y pidió a su marido y a sus hijos de encargarse del reciclaje mientras no estaba. Usa la estructura *se* + objeto indirecto y conjuga el verbo entre paréntesis en el pasado para completar la conversación que tiene con su hija, Marcela.

ADELA: Hola, Marcela, soy yo, mamá. ¿Cómo están todos?

MARCELA: Muy bien, mamá. Papá está trabajando en el jardín, mientras yo estoy lavando los platos.

ADELA: ¿Te acordaste de sacar la basura ayer?

MARCELA: No, lo siento mamá, (1) _____ (olvidar) completamente.

ADELA: Y el papel, ¿vinieron el martes a recogerlo?

MARCELA: ¿El martes? (2) _____ (escapar) también. Estaba convencida que era el jueves.

ADELA: ¿Cómo es posible, Marcela? Había apuntado en un papel las fechas y todo lo que ustedes tenían que hacer. Y papá, ¿se acordó de llevar los envases de plástico al centro de reciclaje?

MARCELA: No lo sé, pero la verdad creo que tampoco lo hizo. (3) _____ (complicar) todo en el trabajo esta semana y ha estado muy ocupado. Me imagino que tendrá previsto ir la semana próxima.

ADELA: Bueno, espero que sea así. Y tu hermano, ¿se encargó de enviar las cartas a los vecinos para la reunión de barrio que tenemos la semana próxima?

MARCELA: No, no pudo hacerlo todavía porque (4) _____ (quedar) las cartas en casa de su novia. Creo que lo hará mañana.

ADELA: Es increíble. ¡No puedo irme ni una sola semana de vacaciones sin que se olviden de cosas!

04-32 Un alcalde decepcionante. El nuevo alcalde de la ciudad de Rosario ha demostrado recientemente que no parece preocuparse tanto por el medio ambiente como intentó convencer a la gente durante las elecciones. Escribe cinco oraciones utilizando el verbo y la construcción *se* + objeto indirecto, explicando lo que no ha hecho el alcalde desde que ganó las elecciones.

MODELO: (olvidar): *Se le olvidó abrir el nuevo centro de reciclaje como había prometido.*

1. (complicar): _____

2. (escapar): _____

3. (descomponer): _____

4. (olvidar): _____

5. (quedar): _____

04-33 ¡Qué desastre de día! Hay días en que todo sale mal. Escucha el siguiente relato y di si las afirmaciones son ciertas o falsas. Si la información no se menciona, selecciona *No se menciona*.

1. El despertador se cayó y se rompió.	Cierto	Falso	No se menciona
2. Se le quemó el café.	Cierto	Falso	No se menciona
3. Le gusta mucho el café.	Cierto	Falso	No se menciona
4. Le puso azúcar al café.	Cierto	Falso	No se menciona
5. El café se cayó sobre los papeles.	Cierto	Falso	No se menciona
6. Necesitaba obtener información sobre las horas de apertura del ayuntamiento.	Cierto	Falso	No se menciona
7. Las colas no le molestan porque puede leer.	Cierto	Falso	No se menciona
8. Se le olvidaron unos papeles.	Cierto	Falso	No se menciona
9. Perdió el autobús.	Cierto	Falso	No se menciona
10. Volverá al ayuntamiento mañana.	Cierto	Falso	No se menciona

Ventana al mundo

México, D.F. (Textbook p. 113)

04-34 Tus conocimientos del D.F. Antes de mirar el video sobre la Ciudad de México, ¡a ver lo que ya sabes! Elige la opción correcta para completar las siguientes frases.

1. La Ciudad de México, con sus 11 millones de habitantes, es la ciudad más _____ del mundo.

   a. hispana   **b.** poblada   **c.** moderna

2. Los colores de la bandera de México son verde, blanco y _____.

   a. azul   **b.** rojo   **c.** anaranjado

3. La antigua ciudad de Tenochtitlán que se situaba en el mismo lugar donde se ubica la Ciudad de México hoy en día, fue construida por los _____.

   a. conquistadores   **b.** incas   **c.** aztecas

4. La capital está localizada en la región _____ del país, a una altura de 2.235 metros sobre el nivel del mar.

   a. sureste   **b.** central   **c.** noroeste

04-35 ¿Qué te dice el video? Al mirar el video, escribe las respuestas a las siguientes preguntas en los espacios.

1. Los ciudadanos de la Ciudad de México (el D.F.) que tienen sangre europea e indígena se llaman _____.

2. La expresión que se usa para describir la atmósfera, el carácter del D.F. es "llena de _____".

3. El edificio famoso que se encuentra en el Zócalo, plaza importantísima del D.F., es el _____.

4. En realidad, el Palacio de Bellas Artes no es una residencia, sino un _____.

5. El "espacio verde", que es uno de los sitios más populares de la ciudad, se llama el _____.

04-36 ¿Qué opinas tú? Contesta cada una de las siguientes preguntas en un párrafo de cinco a seis oraciones.

1. ¿Se ven algunos indicios de "vivir verde" en el D.F.? ¿Cuáles son? Analiza cómo puede vivir aún más verde la gente de una ciudad tan grande.

2. ¿Cuál(es) museo(s) conoces? Según lo que viste en el video, compara sus tipos de obras de arte con los del Palacio de Bellas Artes.

3. ¿Cuál es una característica arquitectónica moderna del D.F.? ¿Y una característica colonial? ¿Y una prehispánica? Compara la arquitectura del D.F. con la de tu comunidad.

_____

_____

_____

_____

_____

APRENDAMOS 3

Indicating location, purpose, and cause: *Por* vs. *para* (Textbook pp. 114–115)

04-37 ¡Cuidado con el medio ambiente! Rafael es un estudiante que se preocupa mucho por el medio ambiente. En el siguiente párrafo, les da unos consejos a los demás estudiantes de la universidad. Usa las siguientes expresiones con *para* para completar el párrafo.

para bien	para colmo	para siempre	para variar

Este mes se celebra el día del medio ambiente. Es necesario que todos nos demos cuenta de la importancia de nuestra participación en este ámbito. (1) _____, este mes ocurre también el día *sin coches*, en el que se prohíbe circular en coche en una parte específica de la ciudad.

Por esta razón, he querido llamar su atención ahora mismo para convencerles de empezar a cuidar de nuestro planeta un poco más. (2) _____, no lo voy a hacer con folletos o cartas largas en sus buzones, sino con un mensaje televisivo que todos podrán ver.

Este mes, queremos conseguir que los estudiantes de nuestra universidad empiecen a reciclar papel y envases de aluminio. Habrá cubos de basura por todas partes en la universidad, no sólo durante este mes, sino (3) _____. Es un primer paso que no exige un gran esfuerzo. Además, hay que pensar que es (4) _____ de todos: vivir en un planeta menos contaminado y más sano.

04-38 ¿Por o para? Escucha las siguientes preguntas y respuestas, y complétalas con las preposiciones correctas.

MODELO: ¿*Por* dónde comenzó el problema de la contaminación?

1. _____; _____
2. _____; _____
3. _____; _____
4. _____; _____
5. _____; _____
6. _____; _____
7. _____; _____
8. _____; _____

04-39 Un folleto informativo. La ciudad de Oviedo acaba de abrir un nuevo centro de reciclaje. Envían un folleto a sus habitantes para informarles sobre su funcionamiento. Selecciona la expresión con *por* más adecuada para completar las siguientes frases.

1. Habrá (por lo menos / por si acaso) cinco recipientes en el nuevo centro de reciclaje.

2. En estos se podrán depositar (por último / por ejemplo) desechos de vidrio o de papel.

3. (Por lo pronto / Por fin) estará abierto cinco días a la semana, de las 10 a las 4.

4. (Por casualidad / Por eso) esperamos que la gente aproveche este servicio.

5. (Por ahora / Por un lado) habrá cinco personas trabajando en el centro, disponibles para ayudar a los ciudadanos (por si acaso / por un lado) ciertas cosas no quedan claras al principio.

04-40 Estudiar en México D.F. Antonia está estudiando un semestre en el extranjero. Completa sus primeras impresiones con *por* o *para*.

Acabo de llegar y (1) (por / para) ahora, la ciudad me parece muy interesante. Es una ciudad impresionante con mucha riqueza cultural. Sin embargo, hay mucha gente por todas partes y no estoy acostumbrada a esto porque soy de un pueblo muy pequeño. A primera vista, no parece una ciudad muy limpia. (2) (Por / Para) una parte, hay muchos desechos en las calles, y (3) (por / para) la otra, hay muchísima contaminación. ¡Hay tantos coches en una misma carretera! (4) (Por / Para) mí es muy importante cuidar del medio ambiente; así es que espero que en la universidad haya programas (5) (por / para) reciclar o reducir el gasto de papel. Ya he notado que en el aeropuerto había cubos de basura (6) (por / para) separar los desechos.

En fin, ya veremos, pero de todas formas, me gustaría participar en los programas que ya existen y si no los hay, podría intentar crear algo yo misma, como (7) (por / para) ejemplo, una campaña de reciclaje en la universidad. Aunque esté aquí sólo unos meses, haga lo que haga, siempre será (8) (por / para) mejor.

■ Conversemos sobre las lecturas

04-41 Reciclaje creativo. Amalia está estudiando arquitectura en la Universidad de Río Piedras. Ayer en la clase estuvieron hablando del famoso arquitecto catalán Antonio Gaudí. Éstos son algunos de los apuntes que Amalia tomó en clase. Ayúdala a completar las oraciones de abajo con la información correcta.

Antonio Gaudí es, sin duda, el arquitecto catalán más famoso de la historia. Nació en 1852 y murió atropellado por un tranvía en Barcelona en 1926. Gaudí se licenció en la Escuela Superior de Arquitectura de Barcelona. Era un arquitecto de gran creatividad y usó soluciones muy innovadoras para su tiempo. Una de las técnicas más originales que utilizó en la decoración de los edificios que construía era el *trencadís*, que consistía en usar elementos cerámicos reaprovechados de edificios destruidos. Gaudí combinaba esta cerámica de diferentes colores de una manera única y personal, lo cual se puede ver en muchos de sus edificios que todo el mundo reconoce. Muchas de estas obras se encuentran en Barcelona y las más famosas son la catedral de la Sagrada Familia, el parque Güell y las casas Milá y Batlló.

1. Gaudí nació a mediados del siglo _____.

2. Su muerte fue causada por _____.

3. Estudió en _____.

4. De profesión era _____.

5. Uno de los monumentos religiosos de Gaudí es _____.

04-42 Más reciclaje creativo. Lee los apuntes de Amalia (actividad 04-41) de nuevo, y ayúdala a escribir dos ventajas del *trencadís* para el medio ambiente.

1. _____.

2. _____.

■ Avancemos con la escritura

04-43 Buenos propósitos. En los últimos días has estado pensando mucho en la importancia de proteger el medio ambiente, y has decidido hacer algunas cosas al respecto. Escribe tus planes.

Desde este momento voy a _____

_____

_____

_____

_____

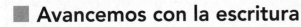 **04-44 Dictado: Propuestas verdes en España.** Transcribe el fragmento a continuación.

_____

_____

_____

_____

_____

_____

_____

_____

_____

_____

_____

_____

_____

_____

_____

_____

_____

_____

_____

_____

_____

5 Hablemos de los derechos humanos

■ En marcha con las palabras

En contexto: La importancia de la tierra (Textbook p. 127)

05-01 Los derechos de los pueblos. Completa este crucigrama que contiene vocabulario sobre los derechos humanos.

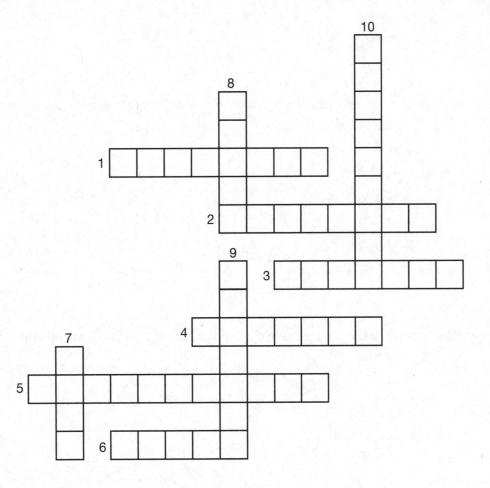

1. nativo

2. una persona que vive explotada y esclavizada, vive así

3. en muchos países del mundo no se respetan los derechos…

4. atrapar, capturar

5. una persona que ha perdido su herencia cultural o sus señas de identidad

6. un sinónimo de asesinar

7. director, gobernador, superior

8. cien años es un...

9. prohibir, no permitir

10. mujer que cultiva y vive de la tierra

05-02 Juego de palabras. Escucha las siguientes palabras y asócialas con su opuesto de la lista a continuación.

1. _____   **a.** oprimido

2. _____   **b.** muerte

3. _____   **c.** desgraciadamente

4. _____   **d.** igualdad

5. _____   **e.** destruir

6. _____   **f.** pobreza

7. _____   **g.** impedir

8. _____   **h.** derecho

05-03 Definiciones. Escucha las siguientes definiciones y asócialas con la palabra que corresponda.

1. _____   **a.** aislado

2. _____   **b.** la hora

3. _____   **c.** la aldea

4. _____   **d.** el siglo

5. _____   **e.** engañar

6. _____   **f.** el analfabetismo

7. _____   **g.** la guerra

8. _____   **h.** el poder

05-04 Opuestos. Encontraste este ejercicio en el periódico. Asocia cada palabra con su opuesto.

1. rodeado_____   **a.** desigual

2. entero_____   **b.** incompleto

3. guerra_____   **c.** subir

4. anciano_____   **d.** paz

5. igual_____   **e.** aislado

6. bajar_____   **f.** joven

05-05 Algunos datos importantes. En el mismo periódico había también una sección con algunos datos importantes sobre Latinoamérica. Complétala con las siguientes palabras. No te olvides de hacer los cambios necesarios.

| costumbre | atacar | matar | paz | sacerdote | oro |

1. Hernán Cortés _____ la ciudad azteca de Tenochtitlán en 1521. Los aztecas no pudieron defender los templos y palacios de su grandiosa ciudad.

2. Los incas no pudieron salvar la vida del emperador Atahualpa a pesar de todo el _____ y la plata que le entregaron a Pizarro. Éste lo _____ de todas maneras.

3. La guerra entre México y los Estados Unidos duró dos años, de 1846 a 1848. En el año 1848 los dos países firmaron la _____.

4. Los líderes indígenas exigen que se respeten sus _____ y su lengua.

5. En los años sesenta, algunos _____ católicos latinoamericanos desarrollaron una nueva interpretación del evangelio llamada Teología de la Liberación.

05-06 Palabras nuevas. Al leer el periódico aprendiste estas palabras nuevas. Escribe su definición en una oración completa.

MODELO: rostro
          Es la parte del cuerpo delante de la cabeza.

1. mercado _____.

2. mestizo _____.

3. aldea _____.

4. bandera _____.

5. maltrato _____.

05-07 Es importante salvar al oprimido. Escucha las siguientes oraciones y decide si son lógicas o ilógicas.

1. lógica   ilógica

2. lógica   ilógica

3. lógica   ilógica

4. lógica   ilógica

5. lógica   ilógica

6. lógica   ilógica

7. lógica   ilógica

8. lógica   ilógica

¡Sin duda! (Textbook p. 131)

05-08 ¿Un rato o mucho tiempo? Escucha el siguiente relato sobre Cristóbal Colón y completa los espacios con las palabras apropiadas.

Cristóbal Colón viajó a América cinco (1) _____ en su vida. Pasó mucho (2) _____ en el mar antes de llegar a tierra la primera (3) _____. Colón vivió durante la (4) _____ de los Reyes Católicos en España. Fue la Reina Isabel la que le dio dinero para hacer su primer viaje después de que Colón le explicó por muchas (5) _____ sus ideas.

05-09 Los murales del Palacio Nacional. Rogelio visitó el Palacio Nacional de la Ciudad de México el mes pasado y le escribió un correo electrónico a su hermana hablándole de la visita. Usa las palabras a continuación y haz los cambios necesarios para completar el mensaje.

a veces	cada vez	época	hora	rato	otra vez	tiempo

Querida Alicia:

El lunes pasado fui al Palacio Nacional para ver los murales de Diego Rivera. Pasé dos
(1) _____ mirándolos. Algunos murales reflejan la vida de los indígenas en la
(2) _____ anterior a la conquista. Parece que en aquellos (3) _____ los pueblos indígenas vivían mejor que ahora. Cuando llegué al Palacio, casi no había nadie, pero al
(4) _____ llegó un grupo grande de una escuela y los niños empezaron a gritar y a correr por todas partes. (5) _____ la profesora les decía "silencio" y ellos se callaban, pero inmediatamente empezaban a gritar (6) _____. Me pregunto por qué
(7) _____ que voy a un museo o un lugar de interés me encuentro rodeado de niños.

Ya te escribiré otro mensaje desde Chichén-Itzá.

Abrazos,

Rogelio

Así se dice (Textbook p. 134)

05-10 Ciudad en peligro. Un grupo de arqueólogos visita una antigua ciudad maya en la selva de Guatemala. Los arqueólogos opinan que las autoridades deben hacer algo para protegerla. Escribe lo que ellos piensan que es importante para salvar la ciudad. Usa las expresiones del libro de texto y el siguiente esquema para influir y convencer al gobierno.

Esquema de los arqueólogos sobre la ciudad:

    pirámide muy interesante

    observatorio en ruinas

    ciudad con mucho interés arqueológico

    templo con estatuas destruidas

    pinturas hermosas en una pirámide

1. Es importante pensar en... _____.

2. Hay que tener en cuenta que... _____.

3. Hay que considerar que... _____.

4. Yo pienso que el gobierno debe... _____.

🔊 **05-11 Rigoberta Menchú.** Escucha la siguiente información sobre Rigoberta Menchú y luego decide si las afirmaciones son ciertas o falsas. Si no se dice, selecciona *No se menciona*.

Rigoberta Menchú Tum:

1. Nació en Nicaragua.	Cierto	Falso	No se menciona
2. Es de origen maya–quiché.	Cierto	Falso	No se menciona
3. Se dedica a promover la agricultura de América Latina.	Cierto	Falso	No se menciona
4. En su libro habla de las tradiciones de los pueblos incas.	Cierto	Falso	No se menciona
5. En 1992 ganó el Premio Nobel de la Paz.	Cierto	Falso	No se menciona
6. Habla muy bien español e inglés.	Cierto	Falso	No se menciona
7. Trabaja para la UNESCO.	Cierto	Falso	No se menciona
8. Se presentó a las elecciones presidenciales en Guatemala.	Cierto	Falso	No se menciona

🔊 **05-12 Proyecto comunitario.** Escucha el siguiente texto sobre la FAC (Fundación de Apoyo a Centroamérica) y luego decide si las afirmaciones son ciertas o falsas. Si no se dice, selecciona *No se menciona*.

1. La misión de la FAC es apoyar el desarrollo de las naciones de Norteamérica.	Cierto	Falso	No se menciona
2. La misión de la FAC es fortalecer los programas de desarrollo de los pueblos indígenas.	Cierto	Falso	No se menciona
3. Esta misión se centra sobre todo en Guatemala, Honduras y Nicaragua.	Cierto	Falso	No se menciona
4. La FAC provee becas.	Cierto	Falso	No se menciona
5. La FAC provee fondos para viajes.	Cierto	Falso	No se menciona
6. La FAC ayuda con asistencia técnica.	Cierto	Falso	No se menciona
7. La FAC apoya proyectos dirigidos y controlados por las Naciones Unidas.	Cierto	Falso	No se menciona
8. Los proyectos deben enfocarse en los problemas del medio ambiente y en el manejo de los recursos naturales.	Cierto	Falso	No se menciona

■ Sigamos con las estructuras

REPASEMOS 1

Expressing hope and desire: Present subjunctive of regular verbs (Textbook p. 136)

05-13 La lucha. Un miembro de la guerrilla le está explicando a un periodista sus opiniones sobre el problema entre su grupo y el gobierno del país. Usa el subjuntivo o el infinitivo cuando se requiera para completar las ideas del guerrillero.

MODELOS: el líder / desear / luchar / indefinidamente
El líder desea luchar indefinidamente. o
el líder / desea / las mujeres / luchar
El líder desea que las mujeres luchen.

1. el gobierno / esperar / firmar la paz con la guerrilla

   _____.

2. el gobierno / querer / la guerrilla / entregar las armas

   _____.

3. nosotros / desear / hablar / con los líderes del gobierno

   _____.

4. ojalá que / los pueblos oprimidos / conseguir / más tierra

   _____.

5. el líder de la guerrilla / esperar / el ejército / no atacar / a las mujeres y los niños

   _____.

05-14 Ojalá. Escucha las siguientes oraciones y luego cámbialas de acuerdo al modelo.

MODELO: Las naciones no siempre viven en paz.
          Ojalá *las naciones vivan en paz.*

1. Ojalá _____.
2. Ojalá _____.
3. Ojalá _____.
4. Ojalá _____.
5. Ojalá _____.
6. Ojalá _____.

Ventana al mundo

Declaración Universal de los Derechos Humanos (Textbook p. 137)

05-15 Tus conocimientos de los derechos humanos. Un tema muy importante hoy en día es los derechos humanos, un aspecto de los cuales es los derechos de la mujer. Antes de ver el video, elige la respuesta correcta a las siguientes preguntas.

1. En este momento, un gran problema que enfrentan muchas mujeres es la _____ doméstica.

   a. decoración   **b.** misión   **c.** violencia

2. Se dice que este problema tiene raíces históricas; se remonta a la época cuando los hombres en todas partes del mundo tenían el derecho primario a _____ a la familia.

   a. controlar   **b.** amar   **c.** gustar

3. También se dice que hoy en día el problema continúa en parte porque la sociedad moderna, incluso la televisión, refuerza el modelo de _____ los problemas por medio de la fuerza física.

   a. causar   **b.** resolver   **c.** regresar

4. Actualmente, existen organizaciones que proporcionan información a las mujeres, incluso información sobre sus derechos _____.

   a. de autora   **b.** políticos   **c.** romanos

05-16 ¿Qué te dice el video? Al mirar el video, escribe las respuestas a las siguientes preguntas en los espacios en blanco.

1. Según la narradora del video, el grupo _____ sigue haciendo reportes sobre la violencia doméstica y el abuso en contra de los derechos de la mujer.

2. Costa Rica, entre otros, está organizando a nivel local para luchar por las mujeres, al establecer "Oficinas _____ de la Mujer" (las OFIM).

3. La psicóloga María Picado dice que algunas oficinas se focalizan en la gestión local, es decir cómo las mujeres pueden formar _____.

4. También, dice que las OFIM trabajan con sus clientes sobre la _____ política.

5. Para prevenir la violencia doméstica, las OFIM trabajan con _____ agresores.

05-17 ¿Qué opinas tú? Contesta cada una de las siguientes preguntas en un párrafo de cinco a seis oraciones.

1. ¿Qué instituciones existen en tu país / tu comunidad para apoyar los derechos de la mujer? ¿Cuáles tipos de apoyo ofrecen a la mujer? ¿Ayudan estas instituciones a otros miembros de la familia también? ¿A quién(es)?

2. Imagínate que eres psicólogo/a. Para ti, ¿cuáles otros derechos de la mujer necesitan apoyo, y cómo vas a proveerlo?

3. ¿Estás de acuerdo con la gente que dice que la violencia que se ve en la televisión tiene un impacto sobre los derechos de las mujeres? Da ejemplos para defender tu opinión.

_____.

_____.

_____.

REPASEMOS 2

Expressing hope and desire: Present subjunctive of irregular verbs (Textbook p. 138)

05-18 Los deseos. Pablo es un médico que trabaja en un pueblo de Guatemala y le está explicando a un visitante algunas de las cosas que los habitantes quieren. Usa el presente del subjuntivo de los verbos para completar las oraciones.

1. Los indígenas quieren que los políticos (reconocer) _____ sus derechos. También desean que sus comunidades (tener) _____ más oportunidades.

2. Los indígenas quieren que sus hijos (recordar) _____ la lucha de sus antepasados.

3. Los campesinos indígenas esperan que los patrones les (pagar) _____ mejor. También quieren que sus hijos (poder) _____ asistir a la escuela.

4. Ojalá que (haber) _____ una buena cosecha este año. Así todos van a poder vivir un poco mejor.

5. Los pueblos indígenas desean que sus lenguas (ser) _____ respetadas y quieren que los estudiantes (saber) _____ también de su historia.

🔊 **05-19 Deseos para un mundo mejor.** Di lo que esperas de las autoridades para lograr un mundo mejor. Escucha las siguientes preguntas y contéstalas con un deseo según el modelo.

MODELO: ¿Escogen nuevos jefes?
         Espero que las autoridades *escojan nuevos jefes*.

1. Espero que las autoridades _____.
2. Espero que las autoridades _____.
3. Espero que las autoridades _____.
4. Espero que las autoridades _____.
5. Espero que las autoridades _____.
6. Espero que las autoridades _____.

05-20 Puntos de vista. Es el siglo XV; éstas son las opiniones y los temores de tres hombres de Tenochtitlán antes de la llegada de Cortés. Usa el presente del subjuntivo de los verbos para completar sus opiniones.

Un sacerdote azteca:

Ojalá que nuestros pueblos (1) _____ (hacer) muchos sacrificios a los dioses en los próximos meses porque tenemos miedo de que unos hombres extranjeros con mucho pelo y ojos claros (2) _____ (atacar) nuestras aldeas si los dioses no están contentos.

Un soldado azteca:

Me alegro de que nuestros enemigos de los pueblos vecinos no (3) _____ (estar) preparados para atacarnos, pero temo que en el futuro (4) _____ (llegar) por el mar hombres con armas mejores que las nuestras.

Un hombre del pueblo:

Mi familia espera que yo (5) _____ (ir) a luchar con los otros guerreros. A todos les molesta que yo no (6) _____ (mostrar) interés por la guerra.

REPASEMOS 3

Expressing opinion and judgment: Impersonal expressions with the subjunctive (Textbook p. 138)

05-21 La situación de los oprimidos. Ayer leíste un informe de Amnistía Internacional sobre los problemas de los indígenas. Usa el presente del subjuntivo para completar las frases, según el modelo.

MODELO: Muchas tierras están en manos extranjeras.
         Es una lástima que muchas tierras *estén* en manos extranjeras.

1. Algunos pueblos todavía viven como esclavos.

   Es horrible que algunos pueblos todavía _____ como esclavos.

2. Los huracanes destruyen casi siempre las casas y los edificios.

   Es terrible que los huracanes _____ casi siempre las casas y los edificios.

3. Amnistía Internacional denuncia las violaciones de los derechos humanos.

   Es importante que Amnistía Internacional _____ las violaciones de los derechos humanos.

4. Algunas personas apoyan la violencia contra los indígenas.

   Es sorprendente que algunas personas _____ la violencia contra los indígenas.

5. Algunas asociaciones no gubernamentales tratan de ayudar a los indígenas.

   Es necesario que algunas asociaciones no gubernamentales _____ de ayudar a los indígenas.

05-22 Increíble. El pueblo quiché es uno de los grupos que más lucha por mantener sus tradiciones milenarias. Escucha las siguientes oraciones y luego cámbialas de acuerdo al modelo.

MODELO: Los gobiernos abusan de los pobres.
Es una pena que *los gobiernos abusen de los pobres.*

1. Es una lástima que _____.

2. Es imposible que _____.

3. Es importante que _____.

4. Es fantástico que _____.

5. Es probable que _____.

6. Es sorprendente que _____.

7. Es interesante que _____.

8. Es posible que _____.

05-23 Una reunión de campesinos. Unos campesinos están reunidos en la escuela del pueblo porque no están contentos con sus condiciones de trabajo. Usa el presente del subjuntivo o del indicativo cuando se requiera para completar sus quejas.

MODELO: es verdad / mucha gente / no entender / nuestros problemas
Es verdad que mucha gente no entiende nuestros problemas.

1. es aconsejable / nosotros / cultivar / nuestra propia tierra

_____

2. es imposible / nuestras familias / comer / con tan poco dinero

_____

3. es evidente / alguien / explotar / a nosotros

_____

4. no hay duda de / nosotros / tener que / organizarnos

_____

5. es triste / el gobierno / no devolver / a nosotros / las tierras de nuestros antepasados

_____

05-24 Es importante. Has oído una serie de recomendaciones generales, pero las quieres hacer más específicas. Escucha las siguientes oraciones y transfórmalas con el sujeto indicado de acuerdo al modelo.

MODELO: Escuchas: Es importante respetar las culturas.
Ves: tú
Escribes: *Es importante que tú respetes las culturas.*

1. yo

_____

2. tú

_____

3. la iglesia

_____

4. el presidente

_____.

5. nosotros

_____.

6. ustedes

_____.

7. los jefes

_____.

8. el gobierno

_____.

Aprendamos 1

Expressing feelings and emotions: Subjunctive in noun clauses (Textbook p. 140)

05-25 Un viaje a México. Maribel va a viajar a México dentro de un mes con sus estudiantes. Completa las siguientes frases con la forma correcta del verbo.

1. México es un país impresionante y me alegro de que nosotros _____ (poder) ir con toda la clase.

2. Lamento que (nosotros) sólo _____ (quedarse) diez días porque hay tantas cosas que ver.

3. Siento también que no nos _____ (acompañar) la profesora de historia pero ya tenía otro compromiso para esa fecha.

4. Estoy contenta de que (nosotros)_____ (visitar) las ruinas de Teotihuacán y de Chichén-Itzá porque son preciosas. Estoy segura de que les van a gustar.

5. Tengo miedo de que algunos de ustedes _____ (enfermarse) con la comida porque es muy picante. Tendrán que tener cuidado.

6. Finalmente, quería decirles que me alegro de que (nosotros)_____ (tener) un grupo tan bueno. ¡Creo que lo vamos a pasar muy bien!

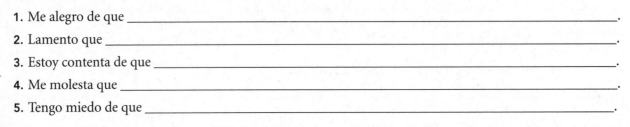

05-26 El premio Nobel de la paz. En 1992, la activista Rigoberta Menchú recibió el premio Nobel de la paz por su lucha por los derechos de los indígenas en Guatemala y en América Latina en general. Completa las siguientes frases con lo que hubiera podido decir en su discurso de agradecimiento.

1. Me alegro de que _____.

2. Lamento que _____.

3. Estoy contenta de que _____.

4. Me molesta que _____.

5. Tengo miedo de que _____.

🔊 **05-27 Una vida imaginaria.** Imagina que eres un joven indígena y que vives en las montañas de Perú, cerca de Cuzco. Escucha la expresión de emoción y completa la frase oralmente con tus opiniones sobre tu vida como indígena.

MODELO: Lamento que…
          Lamento que en mi pueblo no haya acceso a Internet.

1. …

2. …

3. …

4. …

5. …

6. …

APRENDAMOS 2

Giving advice, suggesting, and requesting: Subjunctive in noun clauses
(Textbook pp. 140–141)

05-28 Los poderosos. Los campesinos están cansados de oír las mismas órdenes. Completa las frases que repiten los campesinos, siguiendo el modelo con el subjuntivo.

MODELO: ¡Trabajen más!
          El jefe ordena que *trabajemos* más.

1. ¡Dennos sus tierras!

   El gobernador exige que le _____ nuestras tierras.

2. ¡Váyanse a vivir a las montañas!

   El gobierno insiste en que nos _____ a vivir a las montañas.

3. ¡Cállense!

   Los soldados nos piden que nos _____.

4. ¡No hablen su lengua; hablen español!

   Los maestros del pueblo prefieren que _____ español.

5. ¡Háganse soldados del ejército del país!

   El presidente dice que nos _____ soldados del ejército del país.

05-29 Propuestas creativas. Escucha los problemas de esta aldea y luego sugiere una solución de acuerdo al modelo.

MODELO: No mejoran la explotación de las tierras.
Aconsejamos que *mejoren la explotación de las tierras.*

1. Proponemos que _____.

2. Aconsejamos que _____.

3. Recomendamos que _____.

4. Sugerimos que _____.

5. Exigimos que _____.

6. Insistimos en que _____.

7. Pedimos que _____.

8. Decimos que _____.

05-30 El cacique (chief). Es el siglo XV; un cacique azteca no está contento con lo que hace la gente de su pueblo y da ciertas órdenes para que las cosas cambien. Completa las oraciones con el subjuntivo del verbo.

1. Prohíbo que los campesinos _____ todo el maíz para su familia. (guardar)

2. Exijo que los arquitectos _____ templos más grandes. (construir)

3. No permito que los soldados _____ a los pueblos amigos. (atacar)

4. Mando que los sacerdotes no _____ muchos sacrificios. (hacer)

5. Insisto en que todos _____ por la paz con otras tribus. (trabajar)

05-31 Una visita a Chiapas. Elena quiere visitar Chiapas para entrevistar a los indígenas. Dale algunos consejos para que su viaje sea productivo. Usa los siguientes verbos en tus oraciones.

ir	dar	decir	buscar	organizar	leer	llevar

MODELO: Te aconsejo *que lleves libros y medicinas para la gente.*

1. Te aconsejo _____.

2. Te propongo _____.

3. Te recomiendo _____.

4. Te sugiero _____.

APRENDAMOS 3

Expressing doubt, denial, and uncertainty: Subjunctive in noun clauses
(Textbook pp. 143–144)

05-32 Testimonios y opiniones. Martín y Magdalena tienen puntos de vista diferentes sobre la misma realidad. Completa sus opiniones de acuerdo a sus testimonios. Presta atención al uso del indicativo o del subjuntivo.

A. Martín Larrea, dueño de las tierras del pueblo

Mis trabajadores no reciben mucho dinero, pero viven bien. Sus mujeres trabajan mucho en la casa y ganan bastante dinero en el mercado. Además, ¿para qué lo necesitan? Tienen su pequeña tierra y sus animales y no les falta comida. Mi familia sí que tiene gastos. ¡Imagínese! Mantener tanta tierra, una casa grande y tres hijos perezosos que siempre piden algo.

MODELO: Sé que *mis trabajadores viven bien.*

Opiniones de Martín:

1. No niego que _____.

2. No creo que _____.

3. Dudo que _____.

4. No pienso que _____.

B. Magdalena Marcos, una mujer indígena

A mi esposo no le pagan mucho en el trabajo. Con ese dinero es imposible dar de comer a toda la familia y por eso trabajo en casa muchas horas haciendo suéteres y cultivando un pedacito de tierra para venderlo todo en el mercado. Los niños me ayudan con el trabajo de la casa después de la escuela. La vida es muy dura para nosotros.

Opiniones de Magdalena:

5. No hay duda de que _____.

6. Dudo que _____.

7. Es cierto que _____.

8. Creo que _____.

05-33 ¿Qué le pasa al niño? El hijo de Magdalena llegó enfermo de la escuela. Magdalena trata de pensar qué tiene. Completa los pensamientos de Magdalena usando el subjuntivo.

Hoy mi hijo tardó mucho en andar el camino de la escuela a la casa. Tenía mucho frío cuando llegó y no tenía ganas de comer ni de beber. Además, empezó a llorar después de un rato y no quiso decir ni una palabra. Luego, en casa, se quedó dormido en una silla durante dos horas. ¿Qué le pasa?

1. Quizás _____.

2. Posiblemente _____.

3. Tal vez _____.

4. Probablemente _____.

05-34 ¿Dudas o no dudas? Escucha las siguientes preguntas sobre las minorías y el poder, y luego contéstalas de acuerdo al modelo.

MODELO: ¿Crees que los gobiernos son generosos con las poblaciones indígenas?
No creo que *los gobiernos sean generosos con las poblaciones indígenas.*

1. Dudo que _____.

2. No creo que _____.

3. No pienso que _____.

4. Niego que _____.

5. No hay duda de que _____.

6. Sí, pienso que _____.

05-35 ¿Optimista o escéptico/a? Escucha el siguiente párrafo sobre el Día Internacional de las Poblaciones Indígenas y la década especial que se creó para su desarrollo, y luego contesta la pregunta oralmente.

¿Cómo crees que el establecimiento de ese día y de esa década pueda contribuir al desarrollo de los indígenas?

MODELO: *Posiblemente más personas vayan a enterarse de los problemas de los indígenas.*

Quizás …

Probablemente …

Tal vez …

■ Conversemos sobre las lecturas

05-36 **Bolivia.** En la página de una enciclopedia encontraste los siguientes datos sobre Bolivia. Lee la información y luego contesta las preguntas en oraciones completas.

Bolivia y Paraguay son los únicos países de Suramérica que no tienen costa. Bolivia limita al oeste con Perú y Chile, al sur con Argentina y Paraguay y al norte y al este con Brasil. Al oeste del país se encuentra la cordillera andina y en ella está situada su capital, La Paz, que es la más elevada del mundo, y el lago Titicaca, el lago navegable más alto del planeta.

Entre los años 1000 y 1300, junto al lago Titicaca floreció el Imperio Tiahuanaco, que se convirtió en una civilización muy importante antes del desarrollo de la civilización inca. Las ruinas de Tiahuanaco demuestran el gran desarrollo técnico que llegó a alcanzar esta civilización. Hoy en día los aymaras, descendientes de la cultura de Tiahuanaco que siguen viviendo junto al lago Titicaca, han mantenido su lengua y su cultura y constituyen el grupo indígena más numeroso de Bolivia.

Cuando los españoles entraron en el territorio que hoy corresponde a Bolivia, explotaron sus ricas minas de plata y, alrededor de ellas, fundaron grandes ciudades, como la propia capital y la ciudad de Potosí. En las minas, los españoles impusieron un sistema de trabajo forzado conocido como la mita. Los mineros eran indígenas de entre dieciocho y cincuenta años que tenían que trabajar en condiciones inhumanas durante un año. Después de este tiempo eran reemplazados por otros indígenas, pero podían ser nuevamente obligados a trabajar después de varios años.

La situación de los indígenas bolivianos hoy en día ha mejorado, pero todavía son víctimas de muchos abusos. Domitila Barrios de Chungara es una mujer que ha luchado toda su vida por mejorar las condiciones de vida de los mineros, por los derechos de las mujeres bolivianas y por hacer conocer la vida de los indígenas de Latinoamérica. Sus obras testimoniales *Si me permiten hablar... Testimonios de Domitila, una mujer de las minas de Bolivia* (1977) y *¡Aquí también, Domitila!* (1985) han sido una ventana al mundo de las injusticias que sufren sus compatriotas.

1. ¿Qué tienen en común Paraguay y Bolivia?

   _____.

2. ¿Dónde está situada La Paz?

   _____.

3. ¿Qué cultura preincaica floreció junto al lago Titicaca?

   _____.

4. ¿Quiénes son los aymaras?

   _____.

5. ¿Qué era la mita?

   _____.

6. ¿Cómo es la situación de los indígenas ahora?

   _____.

7. ¿Quién es Domitila Barrios de Chungara?

   _____.

■ Avancemos con la escritura

05-37 Una buena organización. Busca información en la red sobre alguna persona que realice un trabajo humanitario importante a nivel local, nacional o internacional. Escribe el nombre de la persona y da tu opinión sobre su trabajo.

_____

_____

_____

_____

_____

05-38 Dictado: El eclipse. Transcribe el fragmento del cuento "El eclipse" que escucharás a continuación.

_____

_____

_____

_____

_____

_____

_____

_____

_____

_____

_____

_____

_____

6 Hablemos de la salud

■ En marcha con las palabras

En contexto: Cuidemos nuestro cuerpo (Textbook p. 157)

06-01 Sopa de letras. Juan fue al médico y, mientras esperaba, vio esta sopa de letras en una revista. Busca las palabras que corresponden a las definiciones.

```
C  E  J  A  S  U  C  R  O  M  E
B  I  E  N  Y  Ñ  V  O  I  V  I
R  A  E  S  P  A  L  D  A  S  M
L  U  C  H  O  S  A  I  O  Ñ  O
A  S  C  T  O  B  I  L  L  O  A
B  M  I  D  N  A  S  L  Y  T  U
I  C  O  O  R  U  A  A  Z  O  N
O  C  L  O  M  N  O  T  A  R  A
```

1. Es la parte de atrás del torso.
2. Está delante de la boca.
3. Doblamos el brazo por él.
4. Están encima de los ojos.
5. Doblamos la pierna por ella.
6. Está entre la pantorrilla y el pie.
7. Está al final del dedo.
8. Es la parte de arriba de la pierna.

🔊 **06-02 ¿Eres alérgico/a?** Escucha las siguientes oraciones y decide si son lógicas o ilógicas.

1. lógica   ilógica
2. lógica   ilógica
3. lógica   ilógica
4. lógica   ilógica

5. lógica   ilógica
6. lógica   ilógica
7. lógica   ilógica
8. lógica   ilógica

06-03 Peligros para la salud. Elvira no se cuida mucho últimamente porque está muy estresada en el trabajo. Conecta cada problema que tiene con su consecuencia.

Problemas

1. Come mucha sal. _____
2. Come alimentos con mucha grasa. _____
3. Usa zapatos muy viejos y baratos, y corre a todas partes. _____
4. Toma 8 tazas de café al día. _____
5. Vomita y tiene mareos constantemente. _____
6. Cuando estornuda, no se tapa la nariz ni la boca. _____

Consecuencias

a. Un día va a torcerse un tobillo.
b. Va a contagiar a todos sus compañeros de trabajo.
c. Va a engordar muchísimo.
d. Puede tener insomnio.
e. Un día va a desmayarse en la calle.
f. Va a acabar con la tensión arterial muy alta.

06-04 ¿Dónde está? Escucha las siguientes palabras y asócialas con una de las siguientes partes del cuerpo. Selecciona la respuesta correcta.

1. la pierna   el brazo   la cabeza
2. la pierna   el brazo   la cabeza
3. la pierna   el brazo   la cabeza
4. la pierna   el brazo   la cabeza
5. la pierna   el brazo   la cabeza
6. la pierna   el brazo   la cabeza
7. la pierna   el brazo   la cabeza
8. la pierna   el brazo   la cabeza
9. la pierna   el brazo   la cabeza

06-05 Un folleto. En el consultorio del médico, Clara lee un folleto de salud. Describe oralmente los consejos del folleto usando **cinco** de las siguientes palabras. Debe quedar claro el significado de cada palabra.

| adelgazar | cuidar | régimen | malestar | pulmones | sano | agotado |

MODELO: ser alérgico/a
    Si usted es alérgico/a a algún medicamento, debe decírselo a su médico antes de empezar cualquier tratamiento.

1. ...
2. ...
3. ...
4. ...
5. ...

06-06 En la farmacia. Escucha las siguientes conversaciones y luego selecciona la respuesta para completar las oraciones.

Conversación A

1. Liliana tiene:
   a. dolor de oídos.
   b. dolor de garganta.
   c. dolor de estómago.

2. La farmacéutica le pregunta a Liliana:
   a. si tiene gripe.
   b. si tose.
   c. si tiene una cita con el médico.

3. A Liliana no le gusta:
   a. ir al médico.
   b. tomar jarabes para la tos.
   c. tener una infección.

4. Marcos tiene:
   a. gripe.
   b. tos.
   c. dolor de estómago.

Conversación B

5. Don Juan quiere:
   a. llevar a su nieto al médico.
   b. tomarse la presión.
   c. ponerse una inyección.

6. Alejandro se torció:
   a. una pierna.
   b. el tobillo.
   c. el codo.

7. Don Juan tiene:
   a. la presión normal.
   b. la presión alta.
   c. la presión baja.

8. La farmacéutica le manda:
   a. medicina a la casa de don Juan.
   b. una carta al médico de don Juan.
   c. saludos a la esposa de don Juan.

06-07 ¿Sufre de insomnio? Escucha las siguientes preguntas y selecciona la respuesta apropiada.

1. a. Sí, y fui a la farmacia también.
   b. Lleva un poco de pan integral y también harina de trigo.

2. a. El dentista está de vacaciones.
   b. Sí, tú el 15 y yo el 18.

3. a. Sí, creo que voy a vomitar.
   b. No, no me pone el yeso.

4. a. No, la verdad que no.
   b. Bueno, hago ejercicio dos veces por semana.

5. a. Sí, y también voy al médico muchas veces.
   b. Sí, creo que sí. Comemos comida variada con muchas verduras y hacemos ejercicio.

6. a. ¡Uff! Muchísimo.
   b. Voy al dentista la semana que viene.

7. a. Quizás, pero yo también.
   b. No, no te preocupes.

8. a. No lo sé.
   b. No, no es necesario.

¡Sin duda! *(Textbook pp. 162–163)*

06-08 Una gran lección. Josefina Palacios, la compañera de trabajo de Elvira, tuvo problemas de salud el año pasado y, por eso, se cuida mucho ahora. Usa el pretérito y el imperfecto del verbo apropiado para completar el párrafo a continuación. En el caso del sustantivo, no te olvides de que puede estar en el singular o en el plural, según el contexto.

sentir	sentirse	receta	recetar

El año pasado Josefina (1)_____ estresada; le dolía el estómago con frecuencia y no prestaba atención a lo que comía y bebía. Un día, fue al hospital porque, de repente, (2) _____ un dolor muy fuerte en el estómago. Allí le dijeron que tenía gastritis y la pusieron a dieta. El doctor le (3) _____ unas medicinas muy eficaces y le dio una lista de (4) _____ de platos dietéticos deliciosos. Afortunadamente, Josefina le hizo caso al doctor y dejó sus malos hábitos.

Así se dice *(Textbook p. 165)*

06-09 El insomnio. Ahora, Josefina presta mucha atención a su salud y le da algunos consejos a su amiga Elvira para que ella se sienta bien. Di los consejos de Josefina oralmente usando el vocabulario del capítulo.

Es importante...	Debes...	Es mejor...	No es bueno...	Tienes que...	No es necesario...

MODELO: *Es bueno comer muchas frutas y verduras.*

06-10 En otras palabras. Lee las siguientes expresiones y escríbelas de nuevo, usando otras palabras.

MODELO: Quiero pedir una cita con la Dra. Uribe.
          Quisiera un turno con la Dra. Uribe.

1. Necesito ver al Dr. García urgentemente.

   _____

2. ¿Puede darme un turno con la Dra. Gómez para el próximo mes?

   _____

3. Es necesario beber mucha agua cuando hace calor.

   _____

4. Es mejor comer sanamente.

   _____

🔊 **06-11 Mensajes.** Escucha los mensajes telefónicos que recibió la doctora Parrechi y coloca el nombre del/de la paciente en cada una de las recomendaciones de la médica.

Francisco Cuevas	Lucía Benavides	Marta Ruiz	Manuel Aguilar

1. Nombre del paciente: _____

Consejo: Darle una cita para hoy y tomar algo para bajar la fiebre.

2. Nombre del paciente: _____

Consejo: Darle una cita para la próxima semana y hacerse una prueba de embarazo.

3. Nombre del paciente: _____

Consejo: Enviarle la dieta de los ejecutivos y el folleto para dejar de fumar. Darle una cita para la semana que viene.

4. Nombre del paciente: _____

Consejo: Venir al hospital y hacerse una radiografía urgente.

🔊 **06-12 Encuesta.** Una radio local hace una encuesta en la calle para saber si la gente joven lleva una vida sana. Escucha las entrevistas y selecciona los nombres de las personas que contestan de manera positiva las siguientes preguntas.

1. ¿Quién hace ejercicio por 20 minutos tres veces por semana o más?   Clara   Inés   Federico

2. ¿Quién tiene tiempo libre para sí mismo y sus amigos?   Clara   Inés   Federico

3. ¿Quién maneja positivamente las situaciones estresantes de su vida?   Clara   Inés   Federico

4. ¿Quién se hace un examen médico anual?   Clara   Inés   Federico

5. ¿Quién fuma?   Clara   Inés   Federico

■ Sigamos con las estructuras

REPASEMOS 1

Talking about generalities and giving information: Impersonal *se* (Textbook p. 168)

06-13 Ofertas de trabajo. En el periódico del domingo pasado se publicaron unas ofertas de trabajo muy interesantes. Escríbelas de nuevo usando el *se* pasivo con los verbos correspondientes.

Anuncio 1	Anuncio 2
BUSCAMOS enfermeras para la zona norte.	NECESITAMOS persona para atender a personas mayores.
Proveemos aparcamiento en el hospital.	Pedimos conocimiento del catalán y del español.
Ofrecemos buenos sueldos y seguro médico.	Preferimos candidatos con experiencia laboral en este ámbito.
Teléfono 5 55 99 99.	Teléfono 8 88 44 22
Hospital San Juan, Gijón	Residencia Luz del Valle, Barcelona.

1. Anuncio 1:

Se buscan _____

_____

2. Anuncio 2:

Se necesita _____

_____

🔊 **06-14 Se buscan médicos.** Contesta las preguntas que escuchas usando el *se* impersonal, de acuerdo al modelo.

MODELO: ¿Necesitamos médicos?

Sí, *se necesitan* médicos.

1. Sí, _____ enfermeras.

2. Sí, _____ medicinas.

3. Sí, _____ buenos tratamientos.

4. Sí, _____ diploma universitario.

5. Sí, _____ seguro médico.

REPASEMOS 2

Telling people what to do: Formal commands (Textbook p. 169)

06-15 Ejercicios sencillos. Una revista dedicada a la salud y la nutrición recogió varios ejercicios de diferentes profesores de gimnasia. Completa los mandatos de los profesores con la forma *usted* del verbo adecuado.

repetir	ponerse	mover	doblar

Ejercicio de tronco:

(1) _____ de pie con los pies separados, (2) _____ el cuerpo a la derecha por la cintura, (3) _____ la mano derecha de arriba a abajo en la pierna derecha.

(4) _____ el mismo ejercicio hacia el lado izquierdo.

(Juan José Reina, Ponce)

acostarse	bajar	levantar	tomar

Ejercicio de brazos y hombros:

(5) _____ sobre una superficie firme, (6) _____ una pesa en cada mano con los brazos extendidos en cruz, (7) _____ los brazos rectos encima de la cabeza.

Lentamente, (8) _____ los brazos hasta el suelo por ocho veces.

(Alfredo Castellanos, Aguadilla)

flexionar	tocar	permanecer	dar	volver	hacer

Ejercicio de muslos:

De pie, (9) _____ un paso adelante con la pierna derecha, (10) _____ las piernas y (11) _____ el suelo con la rodilla izquierda. (12) _____ en esa posición durante cinco segundos. (13) _____ a la posición inicial.

(14) _____ el mismo movimiento con la otra pierna.

(Fernando León, San Juan)

🔊 **06-16 Para estar en forma.** Escucha los mandatos formales que da tu médico para estar en forma y escríbelos de nuevo, siguiendo el modelo.

MODELO: ¡Corra por lo menos media hora por semana!

Sí, *¡corra por lo menos media hora por semana!*

1. Sí, ¡_____!

2. No, ¡_____!

3. No, ¡_____!

4. Sí, ¡_____!

5. No, ¡_____!

6. Sí, ¡_____!

REPASEMOS 3

Telling people what to do: Informal commands (Textbook p. 170)

06-17 ¿Estás deprimido/a? Ana leyó una lista de sugerencias sobre lo que debe y no debe hacer una persona con depresión. ¿Qué piensas tú? Escribe los consejos usando los mandatos informales (tú) en la forma afirmativa o negativa, de acuerdo con la información.

MODELO: salir con tus amigos

¡Sal con tus amigos!

1. decir siempre cómo te sientes

¡_____!

2. ser muy exigente contigo mismo/a

¡_____!

3. quedarte solo/a en casa los fines de semana

¡_____!

4. hacer una lista de diez cosas positivas que vas a hacer en el próximo mes

¡_____!

5. ir a clases de yoga

¡_____!

6. salir con personas pesimistas

¡_____!

7. dormir muy poco

¡_____!

8. tener un trabajo que requiera mucha concentración y energía

¡_____!

06-18 Buena onda, buena forma. Escucha el programa de radio "Buena onda, buena forma" y asocia cada descripción que escuches con el dibujo correcto.

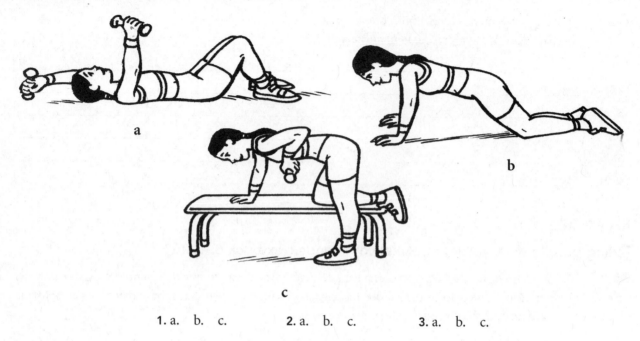

a

b

c

1. a.   b.   c.   2. a.   b.   c.   3. a.   b.   c.

06-19 La gripe. Roberto tiene una gripe muy fuerte. Su madre lo llama por teléfono y le da algunos consejos. Escribe los consejos de la madre uniendo las dos partes de la información dada. Usa los mandatos informales (tú) en la forma negativa o afirmativa.

comer	*mucha sopa de pollo*
beber	ejercicios físicos fuertes
hacer	al trabajo
ir	en la cama unos días
ponerse	mucho líquido
quedarse	la temperatura todos los días
salir	antibióticos sin receta médica
tomar	una bufanda al salir a la calle
tomarse	por la noche con los amigos

MODELO: *¡Come mucha sopa de pollo!*

1. ¡_____!
2. ¡_____!
3. ¡_____!
4. ¡_____!
5. ¡_____!
6. ¡_____!
7. ¡_____!
8. ¡_____!

🔊 **06-20 Mente sana en cuerpo sano.** Escucha las oraciones y escribe los mandatos informales (tú).

MODELO: Comer en restaurantes todos los días
(no) *¡No comas en restaurantes todos los días!* / (sí) *¡Come en restaurantes todos los días!*

1. (no) ¡_____!

2. (sí) ¡_____!

3. (no) ¡_____!

4. (sí) ¡_____!

5. (no) ¡_____!

6. (sí) ¡_____!

7. (no) ¡_____!

8. (sí) ¡_____!

Ventana al mundo

Las tapas (Textbook p. 171)

🎬 **06-21 Tus conocimientos de la cocina hispana.** Leer la *Ventana al mundo* en la página 171 te despierta el interés por la cocina hispana, y quieres saber más sobre las tapas antes de ver el video. Completa las siguientes oraciones con las palabras apropiadas.

España	bares	Edad	vida

1. Hoy en día las tapas son un fenómeno mundial y se pueden comer en restaurantes en muchos países, aunque son originarias de _____.

2. Nadie sabe por cierto cuándo empezó la costumbre de comer tapas; de hecho existen varias versiones de su origen, pero es posible que se remonte unos 1.000 años, a la _____ Media.

3. Hoy día, ir de tapas se hace en grupos y forma parte de la _____ social en España.

4. Generalmente en España, la gente va a los _____ para comer tapas.

🎬 **06-22 ¿Qué te dice el video?** Al mirar el video, escribe las respuestas a las siguientes preguntas en los espacios en blanco.

1. El secreto para preparar mucha comida española es usar _____ frescos y de buena calidad.

2. Antiguamente, las tapas se comían como merienda entre el almuerzo y la cena; hoy en día se comen como _____ o como una comida completa.

3. El video nos enseña a preparar una de las tapas más famosas de España, que se llama la tortilla _____ o la tortilla de patatas.

4. Esta tapa famosa se hace con papas, cebollas, sal y pimienta, aceite y _____.

5. El video nos dice también que, después de _____ esta tapa por cinco minutos, es necesario voltearla y devolverla a la sartén antes de servirla.

06-23 ¿Qué opinas tú? Contesta cada una de las siguientes preguntas en un párrafo de cinco a seis oraciones.

1. Analiza por qué hoy en día las tapas gozan de mucha popularidad, no sólo en España sino en otros países también, hasta en los EE.UU.

2. Evalúa por qué la tortilla española se puede considerar como un tipo muy práctico de comida.

3. ¿Qué plato sabes preparar que les gusta a tus amigos o a tu familia? ¿Cuáles son los ingredientes principales? Da una explicación muy convincente de por qué les gusta a todos.

_____

_____

_____

_____

APRENDAMOS 1

Telling people what to do: Placement of pronouns with commands (Textbook p. 172)

06-24 Opiniones. Cecilia le está dando a su hermana Carmen su opinión sobre lo que ella quiere hacer. Completa las opiniones de Cecilia usando los mandatos informales y el pronombre cuando sea necesario.

MODELO: CARMEN: Debo comprar mis medicinas.

        CECILIA: Sí, *cómpralas.*

1. CARMEN: Voy a ponerme a régimen.

   CECILIA: Sí, _____.

2. CARMEN: Tengo que hacer los ejercicios que me indicaron.

   CECILIA: Sí, _____.

3. CARMEN: Quiero beber esa agua.

   CECILIA: Sí, _____.

4. CARMEN: Debo comer verduras.

   CECILIA: Sí, _____.

5. CARMEN: Necesito acostarme más temprano.

   CECILIA: Sí, _____.

6. CARMEN: Quiero dejar mi trabajo.

   CECILIA: Sí, _____.

06-25 Con el veterinario. El gato de tu amigo Juan está enfermo y él lo lleva al veterinario. Contesta las preguntas de Juan como si fueras el/la veterinario/a, con los mandatos formales (usted).

MODELO: ¿Tengo que ponerle una inyección?

      Sí, *póngale una inyección.*

1. Sí, _____.

2. Sí, _____.

3. Sí, _____.

4. Sí, _____.

5. Sí, _____.

06-26 Vida nueva. Javier y su esposa Ana fueron al médico para pedirle consejos porque quieren cambiar de estilo de vida. Responde a sus preguntas con mandatos usando la forma *ustedes* y el pronombre cuando sea necesario.

MODELO: JAVIER: Doctor, ¿podemos comer huevos una vez a la semana?
            DOCTOR: Sí, *cómanlos una vez a la semana.*

1.   JAVIER: ¿Necesitamos hacer ejercicio?

   DOCTOR: Sí, _____.

2.   ANA: ¿Debemos ir al gimnasio todos los días?

   DOCTOR: Sí, _____.

3.   ANA: ¿Debemos empezar clases de yoga?

   DOCTOR: Sí, _____.

4.   JAVIER: ¿Podemos beber café con el desayuno?

   DOCTOR: Sí, _____.

5.   JAVIER: ¿Necesitamos ponernos a régimen?

   DOCTOR: Sí, _____.

APRENDAMOS 2

Telling people what not to do: Placement of pronouns with negative commands
(Textbook p. 174)

06-27 El régimen de Silvia. Silvia engordó bastante el año pasado y ha decidido ponerse a régimen. Su cuñada es dietista y le contesta algunas preguntas que tiene en cuanto a lo que puede y no puede hacer. Contesta cada pregunta de Silvia con el mandato negativo y con el pronombre, siguiendo el modelo.

MODELO: ¿Puedo beber alcohol cada vez que salgo?
            No, *no lo bebas.*

1. —¿Puedo dejar de hacer ejercicio en el gimnasio?

   — No, _____.

2. —¿Puedo cenar papas fritas?

   — No, _____.

3. —¿Puedo desayunar bocadillos con chorizo?

   — No, _____.

4. —¿Puedo almorzar una hamburguesa todos los días?

   — No, _____.

06-28 ¿Y tú? Y tú, ¿qué consejos le darías a Silvia para bajar de peso? Dale cinco consejos de cosas que no debe hacer utilizando el mandato informal del verbo que recibes y el pronombre adecuado. Sigue el modelo.

MODELO: ver la tele todo el día
            No la veas todo el día.

1. dejar de nadar una milla todos los días

   _____

2. comer ingredientes grasientos

   _____

3. beber refrescos con mucho azúcar

   _____

4. cenar helados

   _____

APRENDAMOS 3

Suggesting group activities: *Nosotros* commands (Textbook p. 176)

06-29 Un día especial. Rafael ya está mejor después de su accidente de moto. Vilma y él están pensando en hacer algo especial para celebrar su recuperación. Completa las oraciones con los mandatos de la forma *nosotros*.

VILMA: Ahora que te sientes bien, ¿quieres ver a algunos de tus amigos?

RAFAEL: Sí, (1)_____ (invitar) a Paco y Laura a almorzar.

VILMA: ¿Qué tal si salimos a caminar por el parque hoy por primera vez?

RAFAEL: Bien. Por ser la primera vez, (2) _____ (salir) por media hora.

VILMA: ¿Tienes ganas de comer algo rico? Hace mucho que no comemos algo especial.

RAFAEL: Sí, (3) _____ (comprar) un pastel de chocolate.

VILMA: ¿Qué te parece si hacemos una fiesta para celebrar que estás bien?

RAFAEL: Me parece fantástico. (4) _____ (hacer) una fiesta dentro de unas semanas.

06-30 Vayamos a la playa. Escucha las preguntas y contéstalas utilizando el mandato *nosotros* en afirmativo o en negativo según se indica.

MODELO: ¿Quieres ir a la playa?
Sí, *vayamos a la playa.* / No, *no vayamos a la playa.*

1. Sí, _____.

2. No, _____.

3. Sí, _____.

4. No, _____.

5. Sí, _____.

6. No, _____.

7. Sí, _____.

8. No, _____.

■ Conversemos sobre las lecturas

06-31 Los balnearios. Lee la información sobre los balnearios. Luego, contesta las preguntas en oraciones completas.

¿Qué son los balnearios?

El uso de aguas termales para curar ciertas enfermedades crónicas del aparato locomotor, respiratorio y digestivo se llama termalismo. Estas aguas minerales con propiedades medicinales se han usado desde hace más de 2.000 años. En algunos casos pueden ser ingeridas por la boca o pueden usarse en forma de inhalaciones, baños o saunas sin efectos secundarios. La composición química varía de un lugar a otro, y así también varían sus propiedades terapéuticas.

Para enfermedades de la piel, o el aparato respiratorio y el locomotor, se recomiendan las aguas sulfuradas, mientras que las aguas sódicas son consideradas estimulantes. Las aguas ricas en hierro ayudan a la regeneración de la sangre, los casos de anemia, las enfermedades de la piel y también colaboran con los regímenes para adelgazar. Para las personas estresadas, ansiosas o depresivas se recomiendan las aguas radiactivas, las cuales tienen efectos sedantes y analgésicos, mientras que las aguas sulfatadas tienen efectos laxantes y diuréticos. Para problemas con el aparato digestivo se recomiendan las aguas bicarbonatadas.

Las aguas termales no sólo sanan sino que también previenen las enfermedades, regeneran el cuerpo y proporcionan descanso a la mente. Por esto los balnearios modernos se han convertido en lugares de vacaciones que proveen diversión para personas de todas las edades. Además de las aguas termales se ofrecen paseos, actividades culturales y deportivas, excursiones y otras atracciones para que los visitantes tengan unas vacaciones regeneradoras del cuerpo, la mente y el espíritu.

1. ¿Para qué tipos de enfermedades son buenas las aguas termales?

   _____

2. ¿Desde cuándo se utilizan las aguas termales para tratar enfermedades?

   _____

3. ¿Qué efectos tienen las aguas sódicas?

   _____

4. ¿Qué tipos de aguas están indicadas para personas con anemia o que quieren hacer régimen?

   _____

5. ¿Qué tipos de agua se recomiendan para personas nerviosas?

   _____

6. ¿Para qué son buenas las aguas sulfatadas?

   _____

7. ¿Para qué se recomiendan las aguas bicarbonatadas?

   _____

8. ¿Qué ofrecen los balnearios, además de tratamientos para ciertas enfermedades?

   _____

■ Avancemos con la escritura

06-32 Decisión. Ahora que sabes más de los balnearios, explica en un párrafo si te parece buena o mala idea pasar una semana en un balneario.

_____

_____

_____

_____

_____

_____

_____

_____

_____

06-33 Dictado: Defensas mentales. Transcribe el fragmento del artículo "La actitud mental: un arma contra la enfermedad" que escucharás a continuación.

_____

_____

_____

_____

_____

_____

_____

_____

_____

_____

Repaso 2

R02-01 Situaciones diferentes. Raquel y Cristina son hermanas. La semana pasada fue muy diferente para cada una de ellas. Escoge las palabras apropiadas para completar sus relatos.

El problema de Raquel:

La semana pasada no pude ir al trabajo porque me enfermé. Cuando me (1) (tomé la temperatura / soné la nariz / hice régimen) descubrí que tenía fiebre. Me dolía todo, especialmente (2) (la pantorrilla / la garganta / la rodilla), y por eso no podía hablar. Mi esposo me llevó al médico y este me dijo que tenía (3) (desmayo / insomnio / gripe), así que me (4) (rechazó / recetó / aseguró) unos antibióticos y me dijo que debía beber jugo de naranja.

El trabajo de Cristina:

La semana pasada fui a una (5) (piedra / fábrica / basura) donde hacían envases de plástico y de (6) (cartón / siglo / jabón) que eran reciclables. Fue una visita muy interesante y me hizo pensar que nuestra compañía debe comprar esos productos para envasar todos nuestros alimentos. (7) (A su vez / De esta manera / A causa de) nuestros clientes no tendrán que tirar a la (8) (basura / lata / fuente) los envases, sino que podrán reciclarlos.

R02-02 Un repaso. Un profesor de español ha preparado un repaso de vocabulario para sus alumnos. Conecta el término con su definición.

1. Visitar el cementerio el día de los muertos _____
2. La de Vietnam o la de México _____
3. Una pistola o una bomba _____
4. Un maya-quiché o un aymara _____
5. Una parte del brazo _____
6. Una persona que tiene muchos años _____
7. Algo que tomamos para sentirnos mejor _____
8. Un lugar con casas donde vive la gente _____

a. una guerra
b. un indígena
c. una costumbre de muchos hispanos
d. el codo
e. una aldea
f. un anciano
g. un medicamento
h. un arma

R02-03 ¿Qué significa? En el mismo repaso aparece el siguiente ejercicio. Conecta el verbo con su significado.

1. Tomar aire por los pulmones _____
2. Perder peso _____
3. Quitarle a alguien la libertad _____
4. No pagarle a un trabajador el salario justo _____
5. Plantar, cuidar y cosechar la tierra _____
6. Perder la consciencia _____
7. Cortar un árbol _____

a. explotar
b. adelgazar
c. respirar
d. talar
e. desmayarse
f. cultivar
g. apresar

R02-04 Vienen tiempos mejores. Estrella es una estudiante de arqueología de la universidad de Río Piedras. En el pueblo donde ella va a vivir hubo algunos cambios muy positivos. Completa su conversación con su profesor usando los pronombres de objeto directo e indirecto y los verbos necesarios.

1. ESTRELLA: ¿Quién organizó el plan de ayuda para los indígenas?
   PROFESOR: _____ el gobierno.

2. ESTRELLA: ¿A quiénes les devolvieron ya sus tierras?
   PROFESOR: _____ a los campesinos más pobres.

3. ESTRELLA: ¿Nos van a enseñar también a nosotros las técnicas de cultivo?
   PROFESOR: Sí, _____.

4. ESTRELLA: ¿Le pidieron una opinión sobre el plan a usted?
   PROFESOR: No, _____.

5. ESTRELLA: ¿Me puede dar un folleto del plan?
   PROFESOR: Por supuesto, _____.

R02-05 Un día accidentado. Manolo y su familia no tuvieron un buen día. Usa los verbos apropiados con la estructura *se* + objeto indirecto para completar el párrafo a continuación.

descomponer	escapar	quemar	perder

Ayer tuvimos un mal día. A mí (1) _____ el perro y casi lo mata un coche. A Julia
(2) _____ todos sus documentos y ahora tiene que volver a pedirlos. A Carlos y a ella
(3) _____ el coche y el mecánico les cobró mil dólares por arreglarlo. Y para terminar, a mi
madre y a mí (4) _____ dos pasteles de manzana porque nos pusimos a ver la tele y nos
olvidamos de que estaban en el horno.

R02-06 Un viaje a Guatemala. Pablo se va mañana de viaje a Guatemala. Viajará de norte a sur durante tres semanas. Selecciona las palabras más adecuadas para completar el siguiente texto.

Mañana salgo (1) (por/para) Guatemala. Voy a empezar mi viaje en autobús desde la Ciudad de Guatemala, la capital, hasta Tikal, en el norte. Me quedaré (2) (por/para) lo menos tres días en Tikal, porque quiero ver el sol amanecer en las ruinas mayas. Después, volveré al centro donde quiero visitar pequeños pueblos como Chichicastenango con su mercado de artesanía precioso. Viajaré con una mochila grande y medio vacía (3) (por/para) si acaso quiero comprar telas o regalos (4) (por/para) los amigos y la familia. Después, (5) (por/para) variar un poco, iré al lago de Atitlán. Dicen que es precioso. Y (6) (por/para) último, pasaré una semana en Antigua, Guatemala. Es una ciudad colonial con mucho encanto.

R02-07 El diario de Estrella. Durante su estancia en Guatemala, Estrella escribe algo en su diario todas las noches. Usa el infinitivo, el presente del indicativo o del subjuntivo, según corresponda, para completar lo que escribió anoche.

MODELO: nosotros / esperar / nuestro grupo / conocer a mucha gente
Nosotros esperamos que nuestro grupo conozca a mucha gente.

1. yo / esperar / nosotros / encontrar / algo especial

   _____

2. nuestro profesor / sugerir / el grupo / hacer / un diario de actividades

   _____

3. nosotros / necesitar / alguien / dibujar / algunas de las figuras

   _____

4. el profesor / dudar / la universidad / darnos / más dinero

   _____

5. yo / creer / los indígenas / estar / ayudándonos mucho

   _____

6. nosotros / querer / aprender / la lengua de los indígenas

   _____

7. quizás / un maestro del pueblo / enseñarnos / a hablar la lengua de la región

   _____

8. ojalá / nuestro grupo / recoger / material interesante en este viaje

   _____

R02-08 La carta de Estrella. Estrella escribe una carta a su madre. Usa el infinitivo, el presente del indicativo o el presente del subjuntivo de los verbos, según corresponda, para completar la carta.

Querida mamá:

Espero que todos en casa (1) _____ (estar) bien. Mi viaje a Guatemala fue bueno y ahora estoy viviendo con una familia muy cariñosa. Creo que la gente de esta ciudad (2) _____ (ser) muy amable y ha recibido a todo nuestro grupo con los brazos abiertos. En las próximas semanas queremos (3) _____ (empezar) las excavaciones y el jefe de la expedición quiere que algunos jóvenes del pueblo (4) _____ (venir) siempre con nosotros para ayudarnos en el trabajo. Él dice que no (5) _____ (ir) a ser difícil contratar a varias personas. El alcalde está muy interesado en nuestro proyecto y nos aconseja que (6) _____ (comenzar) pronto porque dentro de cuatro meses empieza la época de lluvias y entonces va a ser difícil trabajar en el campo. Es posible que para entonces nosotros (7) _____ (tener) material suficiente para poder empezar a estudiarlo en una de las habitaciones del ayuntamiento que él nos ha cedido. Verdaderamente me sorprende que (8) _____ (haber) gente tan generosa y tan receptiva en el mundo. No hay duda de que esta experiencia (9) _____ (ir) a ser inolvidable. Mamá, saluda a todos de mi parte y diles que me (10) _____ (escribir).

Un beso, Estrella

R02-09 Consejos para adelgazar. A Roberto le encanta comer bien y últimamente ha engordado un poco. Su médico le dio algunos consejos para adelgazar. Escribe la forma correcta del verbo usando los mandatos formales (usted).

Cosas que debe hacer:

1. (Evitar) ¡_____ las grasas!

2. (Hacer) ¡_____ un régimen!

3. (Ir) ¡_____ a un gimnasio!

Cosas que no debe hacer:

4. (No poner) ¡_____ mayonesa en todo!

5. (No comer) ¡_____ entre horas!

6. (No salir) ¡_____ a comer fuera todos los días!

R02-10 La clínica SOLYMAR. Roberto y su esposa Ana encontraron una clínica para adelgazar. Responde a sus preguntas usando los mandatos formales (ustedes) y los pronombres correspondientes.

MODELO: ROBERTO Y ANA: ¿Tomamos agua?

              MÉDICO: Sí, *tómenla.* o No, *no la tomen.*

1. ROBERTO Y ANA: ¿Bebemos alcohol?

          MÉDICO: No, _____.

2. ROBERTO Y ANA: ¿Vemos a la nutricionista cada semana?

          MÉDICO: Sí, _____.

3. ROBERTO Y ANA: ¿Comemos alimentos sin grasa?

          MÉDICO: Sí, _____.

4. ROBERTO Y ANA: ¿Tomamos pastillas?

          MÉDICO: No, _____.

5. ROBERTO Y ANA: ¿Hacemos ejercicio?

          MÉDICO: Sí, _____.

R02-11 El viaje de Estrella. Estrella va a pasar otro año trabajando en unas ruinas mayas de Guatemala con un profesor y un grupo de estudiantes. Escribe la forma correcta de los verbos usando los mandatos informales (tú).

Su amiga le aconseja:

1. (Hacer) _____ una lista de todo lo que necesitas llevar.

2. (Dejar) _____ dinero en el banco para pagar las cuentas.

3. (Decirle) _____ a tu hermano que se ocupe de las cuentas.

4. (Venir) _____ con frecuencia a visitarme.

5. (Disfrutar) _____ de esta gran experiencia.

Su madre le aconseja:

6. (No ir) _____ nunca sola a lugares aislados.

7. (No salir) _____ por la noche hasta muy tarde.

8. (No perder) _____ el tiempo.

9. (No descuidar) _____ tu salud.

10. (No olvidarse) _____ de escribir.

7 Hablemos del trabajo

■ En marcha con las palabras

En contexto: El equilibrio entre el trabajo y la familia (Textbook p. 191)

07-01 Definiciones desordenadas. Estás buscando trabajo y tu futuro jefe quiere saber si puedes explicar estas palabras relacionadas con el mundo del trabajo. Asocia cada palabra con la definición correcta.

1. gerente _____

a. estudios relacionados con las computadoras y la programación de computadoras

2. forma _____

b. salario, pago por un trabajo

3. ventaja _____

c. persona que solicita un trabajo

4. informática _____

d. el hecho de dejar de trabajar

5. sueldo _____

e. persona que dirige un grupo o una empresa

6. jubilación _____

f. aspecto positivo de un trabajo

7. candidato/a _____

g. manera, modo

07-02 ¡Felicitaciones, te dieron un ascenso! Escucha las siguientes oraciones y decide si son lógicas o ilógicas.

1. lógica	ilógica	4. lógica	ilógica	7. lógica	ilógica
2. lógica	ilógica	5. lógica	ilógica	8. lógica	ilógica
3. lógica	ilógica	6. lógica	ilógica		

07-03 La jefa de personal. La semana pasada entrevistaste a varios candidatos para un puesto de trabajo y hoy debes presentar un informe sobre ellos a los directivos de la compañía. Escoge las palabras correctas para completar el informe.

Departamento de personal

15 de noviembre

Después de entrevistar a los cuatro (1) (aspirantes / empleadores / gerentes), creo que Esperanza Gutiérrez es la persona ideal para nuestra compañía. La Sra. Gutiérrez tiene más experiencia en el área de la (2) (jubilación / administración / iniciativa) que los otros tres candidatos. Además, (3) (entrena / domina / enfoca) otros idiomas, como el portugués y el inglés, y podría servirnos mucho en el departamento de (4) (oferta / reunión / capacitación). Por último, ninguno de los otros candidatos tiene (5) (solicitud de trabajo / facilidad de palabra / antecedentes laborales) porque se licenciaron el verano pasado en la universidad, pero Esperanza Gutiérrez ya trabajó en una empresa de importaciones.

María José Varela

Jefa de personal

cc: MFA, MRO, JED

07-04 Ideas cortadas. Raquel consiguió un trabajo de ingeniera en una empresa importante. El jefe de su departamento le escribió una nota para felicitarla y recordarle lo que tiene que hacer. Une la primera parte de las oraciones con su continuación lógica.

1. Bienvenida al departamento. Espero que te guste _____

2. Leí tu hoja de vida y vi que tienes experiencia en _____

3. Quedé muy impresionado después de tu entrevista. _____

4. Hoy yo tengo una reunión con los directivos de la empresa _____

5. Quisiera reunirme contigo mañana temprano _____

a. Creo que vas a ascender dentro de la compañía muy rápidamente.

b. para proponer el desarrollo de un nuevo producto.

c. el ambiente empresarial que vas a hallar aquí.

d. programación de computadoras.

e. para explicarte cuáles son las metas que queremos alcanzar para este mes.

07-05 La primera entrevista. Escucha la siguiente conversación y selecciona la afirmación correcta.

1. Carlos Rodríguez…
   a. es analista de sistemas.
   b. es estudiante.
   c. busca trabajo.

2. El Sr. Rodríguez…
   a. no tiene antecedentes laborales.
   b. sí tiene antecedentes laborales.
   c. no tiene mucha experiencia.

3. La empresa le ofrece…
   a. un puesto por un año.
   b. un contrato ilimitado.
   c. contratos de seis meses.

4. El Sr. Rodríguez…
   a. no habla otros idiomas.
   b. domina únicamente el inglés.
   c. domina tres idiomas.

5. Los beneficios que se incluyen en el puesto son…
   a. seguro médico para toda la familia.
   b. 15% para la jubilación.
   c. seguro de desempleo.

6. La empresa…
   a. hace una evaluación de los empleados cada seis meses.
   b. no ofrece posibilidades de ascender.
   c. asciende a todos sus empleados.

7. Al final…
   a. Carlos rechaza el puesto.
   b. Carlos acepta el puesto.
   c. Carlos decide pensarlo y contestar después.

07-06 Un anuncio. Quieres abrir tu propia empresa y necesitas contratar a un/a empleado/a. Escribe un pequeño anuncio con los detalles del trabajo usando cuatro palabras de la siguiente lista.

| sueldo | tiempo parcial | beneficios | horario | motivado/a | solicitar |

Se necesita una persona para una nueva y dinámica empresa:

1. _____

2. _____

3. _____

4. _____

🔊 **07-07 Palabras claves.** Escucha las siguientes frases. Luego, escoge la respuesta que completa cada una.

1. a. la despedida de una carta comercial.
   b. el saludo de una carta comercial.
   c. el título del currículum vitae.

2. a. una parte de una carta comercial.
   b. una fórmula de cortesía.
   c. una condición para obtener algunos puestos.

3. a. hoja de vida.
   b. solicitud de empleo.
   c. carta de recomendación.

4. a. pido una licencia.
   b. rechazo la oferta.
   c. escribo cartas de presentación.

5. a. la renuncia.
   b. el seguro.
   c. el puesto.

6. a. la solicitud.
   b. la agencia.
   c. la aspirante.

7. a. ascender.
   b. aumentar.
   c. renunciar.

🔊 **07-08 Asociaciones.** Escucha las siguientes palabras y asocia cada una con una palabra de la lista.

1. _____
2. _____
3. _____
4. _____
5. _____
6. _____

a. dinero
b. currículum vitae
c. computadoras
d. beneficios
e. público
f. capacitación

¡Sin duda! (Textbook p. 197)

07-09 Llamada a una empresa. Rafael está buscando trabajo y ayer llamó por teléfono a la empresa HOMESA para pedir más información sobre un puesto. Completa la conversación telefónica entre Rafael y el jefe de personal usando las siguientes palabras. Haz los cambios necesarios.

forma	formulario	aplicar	solicitar

RAFAEL: ¿Puedo hablar con el jefe de personal por favor?

JEFE: Sí, con él habla.

RAFAEL: Lo llamo por el aviso del periódico. Dice que ustedes buscan un ingeniero en informática. ¿Me puede decir lo que necesito para (1) _____ el empleo?

JEFE: Sí, como no. Tiene que rellenar varios (2) _____ y mandarlos junto con su currículum vitae a la dirección que está en el periódico.

RAFAEL: No los tengo. ¿Me los puede mandar de alguna (3) _____ rápida?

JEFE: Si usted tiene un número de fax, se los puedo enviar todos inmediatamente.

RAFAEL: Fantástico. Por favor envíelos a este número: 23-45-42-19.

JEFE: Debe mandarnos todo rápidamente porque la fecha de entrega es el lunes y no aceptamos nada después de esa fecha. Esta regla se (4) _____ estrictamente dentro de la compañía.

RAFAEL: Tendrá todos mis papeles el jueves sin falta. Muchas gracias por su atención.

Ventana al mundo

Un buen jefe (Textbook p. 198)

07-10 Tus conocimientos del trabajo. Antes de ver el video titulado *Un buen jefe*, elige la mejor opción para completar las siguientes frases.

1. Marcar la diferencia y hacer un aporte en la comunidad son dos factores que pueden motivar a algunos/as trabajadores/as para ir a _____ cada día.

   a. almorzar   **b.** compensar   **c.** trabajar

2. Para la mayoría de los/las trabajadores/as, es importante estar contento en su _____ laboral.

   a. ambiente   **b.** empleo   **c.** hoja de vida

3. Un/a buen/a jefe/a debe saber unas _____ para ser justo/a con sus empleados/as, para agradecer su trabajo y para provocar el éxito de la empresa.

   a. ventas   **b.** técnicas   **c.** entrevistas

4. Un/a buen/a jefe/a debe proponer metas claras que los/las empleados/as puedan _____.

   a. jubilarse   **b.** atraer   **c.** alcanzar

07-11 ¿Qué te dice el video? Al mirar el video, escribe las respuestas a las siguientes preguntas en los espacios.

1. La primera jefa del video le pide una cantidad enorme de trabajo al empleado; ella no es _____ con la carga que delega.

2. Esta jefa le delega una carga muy grande al empleado en el momento que él debe _____ de la oficina.

3. El segundo jefe comete el error de no _____ la vida familiar de los empleados al decirle a una empleada que no se permiten objetos personales tales como fotos de su familia en el escritorio.

4. El tercer jefe comete el error de criticar a un empleado delante de otra, en vez de hablar con él en _____ y hacerle una crítica constructiva.

5. Según la última presentadora, un elemento esencial de un buen ambiente de trabajo es el _____ mutuo.

07-12 ¿Qué opinas tú? Contesta cada una de las siguientes preguntas en un párrafo de cinco a seis oraciones.

1. Imagina: eres nuevo/a en tu trabajo y tu ambiente laboral no es agradable. Explica por qué no lo es; después analiza la situación y sugiere una solución.

2. Para ti, de las tres técnicas que viste en el video, ¿cuál es la más importante para ser un/a buen/a jefe/a? Da una explicación muy convincente para apoyar tu opinión.

3. El video *Un buen jefe* presenta el mundo del trabajo con humor. ¿Por qué? Evalúa hasta qué punto tiene éxito.

_____.

_____.

_____.

_____.

_____.

Así se dice (Textbook p. 199)

07-13 ¡Lo lograste! Rafael consiguió el trabajo y está diciéndoselo a su amiga Laura. Haz el papel de Laura y reacciona a sus comentarios con expresiones que se usan para motivar y valorar el trabajo de otros. Responde oralmente.

MODELO: Me han dado el trabajo.
           ¡Felicitaciones!

RAFAEL: Espero que les guste mi trabajo.

LAURA: (1) ...

RAFAEL: Pienso proponerles la creación de un nuevo producto que podría venderse muy bien.

LAURA: (2) ...

RAFAEL: Además voy a estar encargado del departamento más grande.

LAURA: (3) ...

RAFAEL: La próxima semana voy a comenzar la capacitación.

LAURA: (4) ...

■ Sigamos con las estructuras

REPASEMOS 1

Describing general qualities: *Lo* + adjective (Textbook p. 201)

07-14 Ventajas y desventajas. Hace dos años que Elena trabaja en casa como traductora para una agencia. Usa las siguientes expresiones para completar sus impresiones sobre su trabajo.

lo difícil	lo que	lo más aburrido	lo mejor

1. _____ de mi trabajo es que tengo un horario muy flexible.

2. _____ de trabajar en casa es que no puedes hablar con nadie.

3. _____ hago mientras traduzco es escuchar música clásica.

4. _____ de muchas traducciones técnicas es encontrar la palabra precisa.

07-15 Lo bueno. ¿Qué es lo esencial de este nuevo trabajo? Contesta las preguntas que escuches en oraciones completas, de acuerdo al modelo.

MODELO: ¿Qué es lo bueno?
           Los beneficios
           Lo bueno son los beneficios.

1. El ambiente de trabajo

   _____.

2. La posibilidad de ascender en la empresa

   _____.

3. El trabajo administrativo

_____.

4. Los planes de jubilación

_____.

5. Los antecedentes laborales

_____.

6. El horario

_____.

7. El salario

_____.

8. El trabajo en equipo

_____.

REPASEMOS 2

Explaining what you want others to do: Indirect commands (Textbook p. 203)

07-16 Organicémonos. Tú estás encargado/a de organizar a la gente en tu departamento para que se cumplan las tareas de hoy. Dile a tu secretario lo que cada uno o cada grupo debe hacer. Usa los mandatos indirectos, y sigue el modelo.

MODELO: Luisa y Pedro / atender al público
Que Luisa y Pedro atiendan al público.

1. Ana / entrenar a la nueva empleada

_____.

2. Ricardo / tener en cuenta el mensaje que mandó el gerente

_____.

3. todos / cumplir con las tareas de hoy

_____.

4. Elena, Lucía y Antonio / trabajar en equipo en la nueva propuesta

_____.

5. Laura / contratar a la gente para la publicidad

_____.

6. Mónica y Susana / resolver el problema de los avisos

_____.

07-17 ¡Que lo haga él! Escucha las siguientes frases e indica quién debe realizar las acciones, de acuerdo al modelo. Usa el pronombre de objeto directo en cada respuesta.

MODELO: Hay que hacer las fotocopias.
El asistente
Que las haga el asistente.

1. la arquitecta

_____.

2. el contador

_____.

3. el secretario

_____.

4. los directores

_____.

5. las ingenieras

_____.

6. la gerente de ventas

_____.

7. la jefa de personal

_____.

8. los abogados

_____.

APRENDAMOS 1

Denying and contradicting: Indefinite and negative words (Textbook pp. 204–205)

07-18 Un hombre muy ocupado. Eduardo le escribió un mensaje electrónico a su novia describiendo el ambiente de trabajo de su nueva empresa. Usa las palabras a continuación para completar su mensaje.

alguien	ninguno	nadie	ni	ningún	algunas

De: Eduardo

Para: Marta

Asunto: La nueva empresa

Querida Marta:

Estoy contento en mi trabajo, pero (1) _____ veces me siento un poco frustrado porque aquí (2) _____ sabe idiomas y yo tengo que hacer todas las traducciones del inglés. (3) _____ de mis compañeros de trabajo ha estudiado otras lenguas y mi jefe dice que el próximo mes va a buscar a (4) _____ competente para enseñar una clase de inglés a los empleados.

Como ya sabes, estoy encargado de la publicidad y de las ventas, así que no tengo mucho tiempo libre, pero me gusta este trabajo y voy a trabajar mucho para poder ascender. Entonces, eso quiere decir que no voy a poder ir a verte este mes (5) _____ el próximo. Espero que no te importe, y te prometo que, después de estos dos primeros meses, no estarás sin mí (6) _____ fin de semana.

Un beso,

Eduardo

07-19 La incógnita. Juan está nervioso porque tuvo una entrevista de trabajo y está esperando la respuesta de la empresa. Usa las palabras negativas y los verbos apropiados para responder a las preguntas que le hace Juan a su madre.

MODELO: JUAN: Si me contratan, ¿me puedo poner siempre pantalones vaqueros para ir a trabajar?

MADRE: No, no *te puedes poner pantalones vaqueros nunca* para ir a trabajar.

1.   JUAN: ¿Me llamó alguien hoy?

   MADRE: No, no _____ hoy.

2.   JUAN: ¿Dejaron algún mensaje en el contestador?

   MADRE: No, no _____ mensaje.

3.   JUAN: ¿Llegó ya mi título de licenciado y la carta de mi profesor?

   MADRE: No, no _____ el título _____ la carta de tu profesor.

4.   JUAN: ¿Pero recibí algo en el correo?

   MADRE: No, no _____ en el correo. ¡Pero tranquilízate, todo va a salir bien!

07-20 Una empresa familiar. HOMESA es una empresa pequeña de productos congelados. Aquí tienes información importante sobre sus empleados. Léela y completa el informe usando palabras indefinidas y negativas.

HOMESA	
Número total de empleados	20
Directivos	5
Licenciados en administración	10
Licenciados en informática	5
Hablan inglés	10
Hablan italiano	0
Seguro de desempleo	20
Participantes en el plan de jubilación	20
Aumentos de sueldo	Todos los años

1. _____ de los empleados no hablan inglés.

2. _____ de los empleados habla italiano. Necesitan a _____ para poder hablar con los clientes de Italia. No necesitan a _____ más para entender las cartas en inglés.

3. _____ empleado está sin seguro de desempleo.

4. Los empleados reciben _____ aumentos de sueldo al comienzo del año.

5. _____ empleados son licenciados _____ en informática _____ en administración.

6. Todos los empleados tienen seguro de desempleo y _____ participan en el plan de jubilación.

07-21 Todo lo contrario. Escucha las siguientes oraciones y luego cámbialas a su opuesto, según el modelo.

MODELO: Hay alguien en la oficina.
          No hay nadie en la oficina.

1. _____ .
2. _____ .
3. _____ .
4. _____ .
5. _____ .
6. _____ .

07-22 No, no escriba nada. Escucha las siguientes preguntas y luego contéstalas oralmente en forma negativa, con un mandato formal (usted).

MODELO: ¿Miro algunas solicitudes?
          No, no mire ninguna.

1. ...
2. ...
3. ...
4. ...
5. ...
6. ...

Aprendamos 2

Describing unknown and nonexistent people and things: Adjective clauses (Textbook p. 207)

07-23 Cosas de la empresa. Pedro y Pablo están tomándose un café y hablando de su empresa. Usa el presente del indicativo o del subjuntivo, según corresponda, de los verbos para completar el diálogo.

PEDRO: ¿Conoces al nuevo empleado que (1) _____ (trabajar) en la empresa?

PABLO: No, no lo conozco todavía, pero me dijeron que es muy simpático.

PEDRO: Sí, es muy simpático y además, vive en una calle que (2) _____ (estar) muy cerca de mi casa, así que me lleva y me trae siempre en coche.

PABLO: ¿Y qué hace aquí exactamente?

PEDRO: Se ocupa de la publicidad que (3) _____ (querer) hacer la empresa en Puerto Rico.

PABLO: La verdad es que necesitábamos gente nueva en el departamento de publicidad. Por cierto, ¿sabes si todavía están buscando a alguien que (4) _____ (saber) programación? Conozco a un chico que (5) _____ (acabar) de licenciarse en informática y estaría muy interesado en el puesto.

PEDRO: No sé nada, la verdad. Lo que sí sé es que todavía no han encontrado a ningún empleado que (6) _____ (querer) trasladarse a la oficina de Berlín.

PABLO: No me extraña. Aquí no hay nadie que (7) _____ (hablar) alemán.

07-24 Bolsa de trabajo. Ayer viste este anuncio en el periódico. Usa cláusulas adjetivas con el indicativo o el subjuntivo de los siguientes verbos, según corresponda, para reescribir el anuncio.

SE BUSCA persona para el departamento de ventas, buena presencia y responsable. Hacemos negocios con compañías nacionales y extranjeras.	SE BUSCA una persona que (1) _____ (trabajar) en ventas, que (2) _____ (tener) buena presencia y que (3) _____ (ser) responsable. Hacemos negocios con compañías que (4) _____ (estar) en el país y en el extranjero.

07-25 Lo que tengo y lo que quiero. Verónica está buscando un nuevo trabajo porque el lugar donde trabaja ahora no es muy conveniente para ella. Escribe oraciones sobre su trabajo actual y sobre el trabajo que busca, conjugando los verbos correctamente según el modelo.

MODELO: (empezar) a las 5 de la mañana / (empezar) a las 8 de la mañana
   Tengo un trabajo que empieza a las 5 de la mañana. Busco un trabajo que empiece a las 8 de la mañana.

Trabajo actual:	Trabajo que busca:
1. (ser) de las 5 de la mañana a la 1 de la tarde	1. (ser) de las 8 de la mañana a las 4 de la tarde
2. (estar) lejos de casa	2. (estar) cerca de casa
3. (no ofrecer) beneficios	3. (ofrecer) beneficios
4. (ser) aburrido	4. (ser) estimulante

1. _____.
_____.

2. _____.
_____.

3. _____.
_____.

4. _____.
_____.

07-26 Lo que tengo y lo que busco. Tú eres el/la jefe/a de personal y te encuentras con aspirantes que no cumplen con los requisitos. Escucha las siguientes oraciones. Luego, cámbialas de acuerdo al modelo.

MODELO: Tengo un candidato que no está bien preparado.
   Busco un candidato que esté bien preparado.

1. _____.
2. _____.
3. _____.
4. _____.
5. _____.
6. _____.
7. _____.
8. _____.

07-27 A la búsqueda. Ahora que ya sabes lo que quieres, pides ayuda para conseguir mejores aspirantes. Responde a las preguntas de acuerdo al modelo.

MODELO: ¿Conoces algún candidato que tenga iniciativa?
          No, *no conozco ningún candidato que tenga iniciativa.* o Sí, *conozco a un candidato que tiene iniciativa.*

1. No, _____.

2. Sí, _____.

3. No, _____.

4. Sí, _____.

5. No, _____.

6. Sí, _____.

APRENDAMOS 3

Linking ideas: Relative pronouns (Textbook pp. 209–210)

07-28 Tiempo libre. Germán se siente muy cansado y está soñando con tener tiempo libre. Completa las frases con los pronombres relativos *quien*, *que* y *cual*.

Lo (1) _____ necesito son unas vacaciones de un mes, pero como no es posible, me conformo con un día sin hacer nada. Me levantaría tarde; luego iría a visitar a mi amigo Rogelio con el (2) _____ me llevo muy bien. Rogelio, (3) _____ es una persona muy generosa, siempre me recibe muy bien. Nadaríamos en la playa y pasearíamos con su novia de (4) _____ me ha hablado mucho y todavía no conozco. Por la noche me relajaría en el balcón de su casa (5) _____ da a la playa y escucharía el ruido de las olas. Me quedaría a dormir en el cuarto de huéspedes (6) _____ tiene un baño privado con jacuzzi. ¡Qué lindo sería! Pero ahora tengo que estudiar para el examen de matemáticas…

07-29 Mateo y el cine. Mateo es un nuevo director de cine. Lee el párrafo sobre él y complétalo con los pronombres relativos correspondientes.

Mateo es el hijo mayor de mi hermano (1) _____ vive en México. A él le encanta el cine. De niño mostró gran interés yendo al cine del barrio en el (2) _____ su abuelo había trabajado toda su vida. Cuando sus padres vieron esto, hablaron con la profesora Graciela, (3) _____ era experta en el método Saura para aprender a filmar. Ése fue el comienzo de su carrera. Ahora él no sólo dirige películas sino que también escribe guiones y compone música, la (4) _____ nos obliga a escuchar en todas las reuniones familiares. Ahora él tiene 32 años y ha formado su propia empresa donde trabaja con cinco amigos con (5) _____ produce y filma películas alternativas de gran calidad.

07-30 Mateo y el cine (2). Mateo es un nuevo director de cine. Escucha el párrafo sobre él y decide si las siguientes afirmaciones son *ciertas* o *falsas* o si la información *no se menciona*.

1. Mateo es uno de mis sobrinos que vive en México.	Cierto	Falso	No se menciona
2. La abuela es la persona quien había trabajado en un cine del barrio.	Cierto	Falso	No se menciona
3. No sabemos quién le enseñó el método Saura.	Cierto	Falso	No se menciona
4. Mateo ha firmado un contrato con Hollywood.	Cierto	Falso	No se menciona

5. Sus amigos son los que componen la música.   Cierto   Falso   No se menciona

6. Mateo tiene 32 años.   Cierto   Falso   No se menciona

7. Mateo vive ahora en Madrid.   Cierto   Falso   No se menciona

8. Las películas que filma con sus amigos las producen ellos mismos.   Cierto   Falso   No se menciona

■ Conversemos sobre las lecturas

07-31 Opiniones. Alicia, Olga y Victoria encontraron trabajo el año pasado. Lee las opiniones de cada una sobre su trabajo y después responde a las preguntas con el nombre correcto.

ALICIA

Tengo un sueldo fabuloso, pero no estoy muy contenta en mi trabajo. Creo que soy muy buena programadora y cumplo con lo que me piden, pero parece que a nadie le importa. Mi jefe jamás me dice que he hecho las cosas bien; simplemente me exige que haga algo y lo tenga listo para una fecha determinada; eso es todo. No tengo nunca tiempo libre y el ambiente no es bueno; me paso días enteros encerrada en mi oficina sin ver a nadie.

OLGA

Me encantan mis alumnos y mis compañeros de trabajo. En la enseñanza hay que trabajar duro y no se gana mucho, pero hay muchas vacaciones. Lo malo de este trabajo es que es temporal y el año que viene voy a tener que buscar otro. Espero encontrar pronto un puesto que sea más estable. No se puede vivir cambiando constantemente.

VICTORIA

Tuve mucha suerte al encontrar este trabajo porque en la empresa me permiten realizar mis propios proyectos con toda libertad. Lo importante para ellos son las ideas originales, y para una arquitecta como yo, eso no es difícil. Lo peor del trabajo es el sueldo; la empresa es nueva y todavía no puede pagar mucho; sin embargo, a mí me interesa más la experiencia que el dinero.

---

1. ¿Cuál de los trabajos es perfecto para una persona que quiera tener mucho tiempo de ocio durante los veranos?

   El trabajo de _____

2. ¿Cuál de los trabajos es malo para una persona que no quiera cambiar de ambiente?

   El trabajo de _____

3. ¿Cuál de los trabajos es malo para una persona a quien le guste el contacto con otras personas?

   El trabajo de _____

4. ¿Cuál de los trabajos es perfecto para una persona que tenga mucha imaginación?

   El trabajo de _____

5. ¿Cuál de los trabajos es bueno para una persona que quiera solamente ganar dinero?

   El trabajo de _____

Nombre: _____   Fecha: _____

🔊 **07-32 Aviso.** Mira el aviso y decide si las afirmaciones que escuchas son *ciertas* o *falsas* o si la información *no se menciona*.

Laboratorio Farmacéutico Nacional
Solicita para las Zonas CENTRO y NORTE, con residencia
en Madrid y Bilbao respectivamente,
DELEGADO DE CONSULTA MÉDICA
Para ocupar puesto de
CONSULTANTE DE PRODUCTO

El puesto requiere:
☐ Candidato (30–35 años) licenciado en Ciencias Farmacéuticas
☐ Amplia experiencia en ventas dentro del sector farmacéutico
☐ Conocimiento del inglés
☐ Personalidad comercial, ordenada y responsable
☐ Disponibilidad para viajar

Se ofrece:
☐ Afiliación con una compañía prestigiosa, respetada a nivel nacional e internacional, con alto sueldo fijo y notables incentivos sobre ventas
☐ Incorporación a un programa de continuo crecimiento profesional
☐ Coche de la empresa

Interesados enviar CV al
Apartado de Correos número 259 de 08083 Barcelona.
Referencia Madrid o Bilbao, según corresponda.

---

1. Cierto   Falso   No se menciona
2. Cierto   Falso   No se menciona
3. Cierto   Falso   No se menciona
4. Cierto   Falso   No se menciona
5. Cierto   Falso   No se menciona
6. Cierto   Falso   No se menciona
7. Cierto   Falso   No se menciona
8. Cierto   Falso   No se menciona
9. Cierto   Falso   No se menciona

Nadie es perfecto. Lee los perfiles, escucha los requisitos para el trabajo de astronauta y di cuáles son los requisitos que no cumple cada uno de los candidatos.

1. Ana María: 25 años, 1,63 m de altura.

   Ingeniera con dos años de experiencia.

   Goza de buena salud, usa gafas.

   Resultados de la prueba psicológica: persona muy motivada, flexible y con gran capacidad para trabajar en equipo.

   Disponibilidad para viajar.

   Requisitos que no cumple Ana María:

   _____

   _____

   _____

2. Juan Antonio: 28 años, 1,90 m de altura.

   Biólogo con cuatro años de experiencia.

   Goza de buena salud, tiene un poco de sobrepeso para su altura.

   Resultados de la prueba psicológica: personalidad agresiva, pero flexible y con una excelente memoria.

   Disponibilidad para viajar.

   Requisitos que no cumple Juan Antonio:

   _____

   _____

   _____

3. José Agustín: 38 años, 1,70 m de altura.

   Piloto de avión, con cinco años de experiencia. Sin título universitario.

   Goza de buena salud. Tiene muy buena vista y oído.

   Resultados de la prueba psicológica: estabilidad emocional, capacidad de trabajo en equipo, nivel bajo de agresividad, gran flexibilidad.

   Requisitos que no cumple José Agustín:

   _____

   _____

   _____

4. Sonia: 39 años, 1,53 m de altura.

   Ingeniera informática con cuatro años de experiencia.

   Piloto de avión.

   Resultados de la prueba psicológica: buena capacidad de razonamiento, memoria y concentración.

   Personalidad agresiva e individualista. Muy buenas destrezas manuales.

   Requisitos que no cumple Sonia:

   _____

   _____

   _____

■ Avancemos con la escritura

07-34 El trabajo ideal. Todavía no tienes trabajo, pero el próximo año vas a empezar a buscar uno. Haz una lista de las características de tu trabajo ideal.

_____

_____

_____

_____

_____

_____

_____

_____

_____

07-35 Dictado: Adicto al trabajo. Transcribe el fragmento del artículo "El trabajo como adicción" que escucharás a continuación.

_____

_____

_____

_____

_____

_____

_____

_____

_____

_____

_____

_____

_____

_____

8   Hablemos del arte

■ En marcha con las palabras

En contexto: Rivera, un maestro de la pintura *(Textbook p. 225)*

08-01 Grupos de palabras. Busca las letras que faltan y escribe la palabra que corresponde a cada grupo.

Instrumento de los pintores:	(p _ n _ _ _):	1. _____
Técnicas de pintura:	(a _ _ a _ _ _ a):	2. _____
	(ó _ _ o):	3. _____
	(p _ s _ _ _):	4. _____
Tipos de cuadros:	(r _ _ _ _ tos):	5. _____
	(a _ t _ _ _ _ _ r _ _ os):	6. _____
	(n _ _ u _ _ _ _ zas m _ _ r _as):	7. _____
Corrientes artísticas:	(s _ _ r _ _ _ ismo):	8. _____
	(c _ _ ismo):	9. _____
	(a _ _ e a _ _ t _ _ _ _):	10. _____

08-02 Definiciones. Escoge la palabra que corresponda a cada definición.

1. Con muchos colores _____
2. Que no habla _____
3. Material en el que se pinta _____
4. Lugar en el que se pinta_____
5. Lo opuesto a luz _____

a. sombra
b. colorido
c. lienzo
d. taller
e. mudo

08-03 Tu turno. Ahora define las siguientes palabras oralmente.

MODELO: cubismo
           El movimiento artístico al cual pertenecía Picasso

1. patrocinar
2. cuidadoso
3. marco
4. fondo
5. bosquejo

🔊 **08-04 ¿Qué es?** Escucha las definiciones y asocia cada una con la palabra correcta.

1. _____   **a.** la luz
2. _____   **b.** pintar
3. _____   **c.** el taller
4. _____   **d.** gestar
5. _____   **e.** un pincel
6. _____   **f.** un retrato

🔊 **08-05 ¿Qué necesitas?** Escucha y decide cuáles de las cosas mencionadas necesitas para hacer una obra de arte. Luego, selecciona la respuesta correcta.

1. Sí   No
2. Sí   No
3. Sí   No
4. Sí   No
5. Sí   No
6. Sí   No

08-06 El *Guernica*. Juan Pablo fue a Madrid y leyó en una guía de museos la siguiente información sobre el *Guernica* de Picasso. Escoge las palabras que completen el párrafo lógicamente.

El *Guernica* es una (1) (obra / fuente) maestra del (2) (esquema / pintor) español Pablo Ruiz Picasso. Picasso pintó este gran (3) (marco / cuadro) para el pabellón español de la Exposición Universal de París de 1937. En esta obra Picasso (4) (se convierte / refleja) de un modo dramático los horrores de la guerra en general, aunque el hecho concreto que le sirvió como (5) (encanto / fuente de inspiración) fue el bombardeo del pueblo vasco de Guernica por la aviación alemana durante la Guerra Civil Española. Antes de (6) (apreciar / pintar) toda la composición, Picasso realizó muchos bocetos (*sketches*) de las distintas figuras que la forman, como el famoso caballo. En la actualidad, tanto los bocetos como el *Guernica* mismo se hallan en el Museo Nacional Centro de Arte Reina Sofía.

¡Sin duda! *(Textbook p. 230)*

08-07 La visita al Prado. Después de ir al Museo de Arte Reina Sofía, Juan Pablo visitó en el Museo del Prado las salas de Goya, uno de sus pintores favoritos. Usa los verbos *hacerse, llegar a ser, ponerse* y *volverse* para completar sus comentarios sobre Goya.

1. Cuando miro el cuadro de Goya *El 3 de mayo de 1808* _____ triste porque esa pintura refleja de modo impresionante el terror de la guerra.

2. Goya _____ muy famoso entre la aristocracia y pintó muchos retratos de gente influyente. A mí me gustan, sobre todo, los de la Duquesa de Alba.

3. Creo que Goya _____ pintor oficial del rey cuando tenía 40 años.

4. Después de quedarse sordo, Goya _____ loco, solitario, pesimista y más crítico de la sociedad.

08-08 Frida. Completa cada oración sobre Frida Kahlo con el verbo más adecuado.

1. Frida Kahlo (se hizo / se volvió) famosa con sus cuadros.

2. Kahlo (se puso / llegó a ser) una de las pintoras más famosas de América Latina.

3. Ella (se puso / se hizo) muy triste al divorciarse de su esposo, Diego Rivera.

4. Frida (se hizo / se volvió) loca por las aventuras amorosas de su marido.

08-09 Diego Rivera. Escucha el siguiente fragmento sobre Diego Rivera y decide si las afirmaciones son ciertas o falsas o si la información no se menciona.

1. Diego Rivera regresa a México en 1957.	Cierto	Falso	No se menciona
2. Rivera intenta fomentar las bellas artes.	Cierto	Falso	No se menciona
3. Poco después de su vuelta a México se casa con la pintora Frida Kahlo.	Cierto	Falso	No se menciona
4. En los años veinte comienza a hacer pintura abstracta.	Cierto	Falso	No se menciona
5. A partir de 1921 Rivera se dedica a pintar en los edificios públicos.	Cierto	Falso	No se menciona
6. El gobierno mexicano fomentó el arte mural.	Cierto	Falso	No se menciona
7. En los murales representó con realismo la vida de su pueblo.	Cierto	Falso	No se menciona
8. La historia mexicana no tiene mucha importancia en sus murales.	Cierto	Falso	No se menciona
9. A Rivera no le interesaban ni la política ni la situación social de su país.	Cierto	Falso	No se menciona
10. Rivera pintó murales tanto en México como fuera de su país, como por ejemplo, en los Estados Unidos.	Cierto	Falso	No se menciona

Así se dice *(Textbook p. 232)*

08-10 Mi artista favorito. En este capítulo has aprendido cosas importantes sobre algunos de los artistas más famosos de Latinoamérica y España. Expresa tus opiniones oralmente usando cuatro de las siguientes frases.

¡Qué bonito/a (bello/a)!   ¡Este/a pintor/a es genial!

¡Qué lindo/a!   ¡Es verdaderamente una obra de arte!

¡Me encanta!   ¡Me deja sin palabras!

¡Es maravilloso/a, fabuloso/a!   ¡No tengo palabras para describirlo/la!

08-11 Noticias de Radio Onda. Escucha la siguiente noticia y luego contesta las preguntas.

1. ¿Quién es Manuel Felguérez?

_____

2. ¿Qué tipo de arte promueve el nuevo museo?

_____

3. ¿Dónde funciona el museo?

_____

4. ¿Qué servicios ofrece el museo?

_____

5. ¿Cuál es el tema de la primera exposición?

_____

6. Felguérez afirma que los artistas deben promover el arte. ¿Y usted qué opina?

_____

■ Sigamos con las estructuras

REPASEMOS 1

Talking about people and things: Uses of the indefinite article *(Textbook p. 234)*

08-12 El trabajo en el museo. Antonia trabaja en el museo Thyssen de Madrid y tiene muchas experiencias interesantes. Completa el párrafo con el artículo indefinido donde sea necesario. Si no se necesita un artículo, escribe una "X".

(1) _____ día, entra un hombre que quiere organizar (2) _____ recepción para (3) _____ doscientas personas en el museo para los miembros de la asociación de arte moderno de Madrid. Quiere (4) _____ seguridad absoluta de que la fiesta va a ser perfecta. Por supuesto que no puedo asegurarle nada. Le explico que no solemos organizar (5) _____ fiestas en el museo pero que en este caso, podríamos hacer (6) _____ excepción. Entonces, le dejo los datos del director del museo para que pueda contactar con él directamente sobre los arreglos necesarios.

08-13 Llamada a la casa museo de Frida Kahlo. Ana está preparando un viaje a México con sus estudiantes y quiere reservar entradas para su grupo en la casa museo de Frida Kahlo. Escribe el artículo indefinido cuando sea necesario. Si no se necesita un artículo, escribe una "X".

RECEPCIONISTA: Casa Museo Frida Kahlo, buenos días.

ANA: Hola, buenos días. Llamo desde Buenos Aires. Soy profesora de arte y dentro de (1) _____ mes vamos a viajar con (2) _____ grupo de estudiantes a México. Nos gustaría visitar la casa museo de Frida Kahlo y por eso lo llamo.

RECEPCIONISTA: ¿Cómo puedo ayudarle?

ANA: Me gustaría saber si es necesario reservar las entradas con antelación.

RECEPCIONISTA: Sí, siempre es mejor, sobre todo si viene con (3) _____ grupo. ¿Cuántas personas vendrían?

ANA: (4) _____ treinta personas.

RECEPCIONISTA: ¿Y qué día tenía pensado hacer la visita?

ANA: El 30 de mayo.

RECEPCIONISTA: ¿Por la mañana o por la tarde? La visita suele tardar (5) _____ dos horas.

ANA: Entonces más bien por la tarde.

RECEPCIONISTA: Perfecto, y ¿a nombre de quién hago la reserva?

ANA: Ana Morales, Colegio San Martín.

RECEPCIONISTA: Aquí les estaremos esperando. De todas formas, si tuviera que cambiar cualquier cosa, siempre puede ir a nuestro sitio web y contactar directamente con nosotros por (6) _____ correo electrónico.

ANA: Muchas gracias por esta información. No creo que sea necesario pero lo tengo apuntado.

Repasemos 2

Contrasting and contradicting: Uses of *pero*, *sino*, and *sino que* to express *but*
(Textbook p. 234)

08-14 Un joven artista. Benjamín es un joven artista ecuatoriano y está intentando promocionar su arte en su propio país y en el extranjero. Completa las frases con la continuación más adecuada.

1. Soy un artista ecuatoriano_____

2. Mi padre es ecuatoriano_____

3. Mi arte es moderno_____

4. No uso sólo la pintura en mis cuadros_____

5. No quiero ser famoso_____

a. sino también fotos y objetos pequeños.

b. pero es bastante diferente del arte moderno ecuatoriano actual.

c. sino más bien reconocido por los demás artistas latinoamericanos que admiro.

d. pero me considero más bien latinoamericano.

e. pero mi madre es argentina.

08-15 El Museo de Arte Moderno de Santiago de Chile. Imagina que trabajas para la página web del Museo de Arte Moderno de Santiago de Chile y tienes que ponerla al día. Escucha las siguientes frases y complétalas utilizando *pero*, *sino* o *sino que*.

1. _____

2. _____

3. _____

4. _____

5. _____

6. _____

Ventana al mundo

Muralismo (Textbook p. 235)

08-16 Tus conocimientos del muralismo. Antes de ver el video titulado *Muralismo,* elige la opción correcta para completar las siguientes frases.

1. El gran movimiento muralista mexicano, que empezó durante los años veinte, terminó poco después de los años _____.

   a. cuarenta   b. sesenta   c. setenta

2. El clima político de la época posrevolucionaria en México fomentó el tema principal del arte muralista: dignificar a los miembros de la sociedad que no estaban respetados antes —los _____.

   a. artistas   b. europeos   c. mestizos

3. Además de estar caracterizado por su gran tamaño, el muralismo se caracteriza por sus _____ brillantes.

   a. líneas   b. colores   c. sombras

4. Los artistas muralistas como Diego Rivera pintaron sus obras en las _____ de varios edificios públicos, como el Palacio Nacional y la Universidad Nacional Autónoma de México.

   a. exposiciones   b. representaciones   c. paredes

08-17 ¿Qué te dice el video? Al mirar el video, escribe las respuestas a las siguientes preguntas en los espacios.

1. El movimiento muralista es un movimiento social y _____ tanto como artístico.

2. El muralismo fue influido no solamente por la situación posrevolucionaria de México, sino también por las ideas _____ que vinieron de otros países y que criticaban la sociedad capitalista.

3. Uno de los muralistas más famosos qué pintó en México fue de origen estadounidense; se llamaba Pablo _____.

4. Cada muralista tenía su especialidad. José Clemente Orozco, por ejemplo, dignificó el mestizaje y pintó los aspectos _____ de la revolución, que ya terminó.

5. David A. Siqueiros fue el más _____ de los muralistas mexicanos célebres. Sus obras se caracterizan por figuras grandes que enfatizan su efecto dramático.

08-18 ¿Qué opinas tú? Contesta cada una de las siguientes preguntas en un párrafo de cinco a seis oraciones.

1. Compara el muralismo mexicano con el muralismo popular del cual se habla en el capítulo 3. ¿Cuáles son unas semejanzas entre los dos y en qué se diferencian?

2. Generalmente se cree que el arte muralista impresiona más al público que otras obras tales como los cuadros o las estatuas que se encuentran en un museo. ¿Qué factores pueden causar esta diferencia? Da una explicación convincente para apoyar tu punto de vista.

3. Según lo que viste en el video, ¿cuáles murales son los más interesantes, los de Rivera, Orozco o Siqueiros? Defiende tu opinión.

_____

_____

_____

APRENDAMOS 1

Expressing time in the future: Subjunctive in adverbial clauses (Textbook p. 236)

08-19 Un regalo muy especial. Gerardo y Dolores han estado casados casi cincuenta años y su hijo Mario quiere regalarles un retrato de familia para su aniversario. Usa el presente de subjuntivo para completar el diálogo entre Mario y el pintor.

MARIO: ¿Cuándo va a empezar el cuadro?

PINTOR: Lo voy a empezar cuando yo (1) _____ (terminar) otro retrato. Y usted, ¿no me va a pagar nada todavía?

MARIO: Le pagaré algo tan pronto como yo (2) _____ (ver) el cuadro en marcha.

PINTOR: Pues, pase por mi taller en cuanto usted (3) _____ (tener) un rato libre.

MARIO: De acuerdo, pasaré por allí después de que mis padres (4) _____ (salir) de vacaciones.

PINTOR: Se me olvidaba que es una sorpresa.

MARIO: Sí, es un secreto bien guardado, así que no iré por allí hasta que ellos (5) _____ (estar) fuera de Buenos Aires.

08-20 Una buena pintora. Estás escribiendo un breve artículo sobre una pintora amiga tuya para la sección de arte de un periódico. Usa el subjuntivo o el indicativo para completar el artículo.

La pintora de la luz

Carmen Buendía nació en Caracas en 1960. Cuando era niña siempre pintaba con sus acuarelas y sus lápices de colores. Su profesor de pintura de la escuela secundaria descubrió que tenía mucho talento en cuanto vio los dibujos que hacía para la clase. Habló con sus padres y les recomendó que la mandaran a la escuela de Bellas Artes. En cuanto (1) _____ (acabar) la carrera de Bellas Artes, se irá a vivir en un piso en la costa. El mar es una gran inspiración para ella.

Ahora Carmen es una pintora incansable. Mientras (2) _____ (trabajar) en sus acuarelas, experimenta con diferentes técnicas y materiales y nunca (3) _____ (salir) de su taller hasta que se pone el sol. Cuando uno (4) _____ (contemplar) sus cuadros, puede ver en ellos toda la luz del Caribe.

Carmen Buendía no es muy famosa todavía pero tan pronto como (5) _____ (terminar) sus estudios, tiene previsto organizar una primera exposición de su obra en Caracas.

08-21 En la Ciudad de México. Blanca está de vacaciones en México y le cuenta a Mario lo que ha hecho. Forma oraciones completas uniendo las frases.

1. Siempre me siento un poco cansada _____

2. El sábado pasado fui al Palacio de Bellas Artes _____

3. No me marcharé de la Ciudad de México _____

4. Cuando era niña _____

5. Después de que hablé contigo _____

6. Visitaré la casa de Frida Kahlo en Coyoacán _____

7. Me encanta ir a los museos _____

a. en cuanto tenga un rato libre.

b. mientras Elena asistía a su clase de pintura.

c. fui a ver los murales de la Universidad Nacional.

d. después de pasar dos o tres horas dentro de un museo.

e. hasta que no vea el Museo Arqueológico Nacional.

f. mis padres me llevaban al museo con frecuencia.

g. cuando estoy en México.

08-22 La carrera de Eduardo. Eduardo es un maestro de arte en la escuela secundaria. Usa los tiempos necesarios del indicativo o del subjuntivo para escribir las siguientes oraciones sobre la vida de Eduardo.

MODELO: Eduardo / estudiar / arte / en París
            Eduardo estudió arte en París.

1. Eduardo / siempre comprar / reproducciones / cuando / ir a / los museos

   _____

2. En 1995 / Eduardo / visitar / el Museo Picasso / mientras / estudiar / en Barcelona

   _____

3. El año que viene / Eduardo / ir a enseñar / en la universidad / después de que / terminar / las clases

   _____

4. Eduardo / ir a volver / a Barcelona / en cuanto / poder

   _____

5. Cuando / Eduardo / cumplir / cuatro años / sus abuelos / regalarle / un pincel y una paleta

   _____

6. Durante su juventud / Eduardo / pintar / todas las tardes / hasta que / acostarse

   _____

7. Ahora / Eduardo / trabajar en / sus cuadros / tan pronto como / regresar / de la escuela

   _____

8. En el futuro / Eduardo / ir a hacer / una exposición / cuando / tener / bastantes obras para exponer

   _____

08-23 Famoso. Tu amigo quiere llegar a ser famoso. Completa sus oraciones de acuerdo al modelo.

MODELO: Voy a ser famoso cuando *venda muchos cuadros.*

1. Voy a ser famoso en cuanto (aprender) _____.

2. Voy a ser famoso tan pronto como (exponer) _____.

3. No voy a ser famoso hasta que no (vender) _____.

4. No voy a ser famoso mientras no (tener) _____.

5. Voy a ser famoso después de que (conectarse) _____.

6. Voy a ser famoso cuando (poner) _____.

08-24 ¿Cuándo? Un artista quiere saber cuándo le van a ocurrir estas cosas. Completa las oraciones de acuerdo al modelo.

MODELO: Vas a dar conferencias cuando (ser) *seas* reconocido.

1. Vas a ser famoso cuando (vender) _____ muchos cuadros.

2. Vas a exponer en Nueva York tan pronto como le (escribir) _____ al director del MOMA.

3. Vas a tener cuadros en museos en cuanto alguien te (patrocinar) _____.

4. Vas a recibir buenas críticas después de que te (descubrir) _____ un periodista.

5. Vas a conectarte con otros artistas cuando (ir) _____ a las galerías.

6. No vas a ser conocido mundialmente hasta que no (realizar) _____ una obra maestra.

APRENDAMOS 2

Expressing purpose: Subjunctive in adverbial clauses (Textbook p. 238)

08-25 Amante del arte. A Sofía le gustan mucho los retratos de su amigo Juan. Une las frases que dice para formar oraciones completas.

1. Ayer fui a la galería de arte de Juan _____

2. Nunca llevo paraguas _____

3. El mes que viene voy a comprar uno de los cuadros de Juan _____

4. Si mis ahorros no alcanzan, tendré que trabajar horas extras _____

a. aun cuando llueve mucho en esta ciudad.

b. de modo que pueda recuperar el dinero.

c. aunque tenga que gastar todos mis ahorros.

d. aunque era tarde y estaba lloviendo.

08-26 Persevera y triunfarás. Tu amigo es artista y necesita tus consejos. Escucha sus quejas (*complaints*) y cámbialas de acuerdo al modelo.

MODELO: No tengo éxito.
Sigue trabajando a pesar de que *no tengas éxito.*

1. Sigue trabajando a pesar de que _____.

2. Sigue trabajando aunque _____.

3. Sigue trabajando aun cuando _____.

4. Sigue trabajando aunque _____.

5. Sigue trabajando a pesar de que _____.

APRENDAMOS 3

Expressing uncertainty and condition: Subjunctive in adverbial clauses (Textbook p. 240)

08-27 La vida secreta de los artistas. Eres periodista y vas a escribir un artículo sobre Susana, una artista latina joven. Usa el presente o el imperfecto de subjuntivo para completar la entrevista a continuación.

TÚ: ¿En qué momento descubriste tu vocación por la pintura?

SUSANA: Creo que nací con ella. Mi madre dice que, de niña, siempre necesitaba tener papel y lápiz al lado del plato para comer.

TÚ: ¡Qué curioso! Y ahora, ¿cuándo pintas?

SUSANA: Me gusta la luz de la mañana, así que pinto todos los días soleados a menos que (1) _____ (estar) fuera de casa trabajando en otro proyecto.

TÚ: En otra entrevista dijiste que el realismo es la única vía posible del artista responsable. ¿Qué quieres decir con esto?

SUSANA: A pesar de que todos (nosotros) (2) _____ (poder) tener una opinión diferente, yo creo que la pintura es una ventana para que la gente (3) _____ (descubrir) cómo es el mundo en el que vive todos los días. Yo no quiero cambiarlo, sino presentarlo tal como es, sin que mis pinceles (4) _____ (influir) en lo que ve la gente.

TÚ: ¿Cuáles son tus planes inmediatos?

SUSANA: Bueno, debo concluir el mural para el centro cultural César Chávez antes de que (5) _____ (empezar) el mal tiempo. Es difícil trabajar con lluvia y frío.

TÚ: ¿Te gustaría hacer otro mural o prefieres volver a tu taller?

SUSANA: Me gustaría hacer otro mural pero ahora mismo no tengo mucho tiempo para un proyecto tan grande.

TÚ: ¿Vas a exhibir algunos de tus cuadros pronto?

SUSANA: Sí, en el Museo de Bellas Artes de Buenos Aires en el mes de octubre.

08-28 Una familia de artistas. Juan Carlos y su familia son muy creativos. Usa las expresiones para (que) y antes de (que) para completar las oraciones con la frase apropiada en el infinitivo o el presente del subjuntivo según corresponda.

MODELO: Mi abuelo pintaba cuadros / conseguir otro trabajo
Mi abuelo pintaba cuadros antes de conseguir otro trabajo.

1. Mi padre era escritor / dedicarse a la pintura

_____

2. Ayer fuimos al museo / ver la exposición sobre Rivera

_____

3. Mi hermano estudia / ser arquitecto

_____

4. Tomaré una clase de pintura / llegar el verano

_____

5. Quiero ir al Museo del Prado / (ellos) cerrar la exposición especial sobre Goya

08-29 En otras palabras. Eres artista y le estás contando a una modelo tuya algunas cosas sobre tu vida. Usa el infinitivo, el indicativo o el subjuntivo según corresponda, en el tiempo apropiado para expresar tus ideas. Sigue el modelo.

MODELO: "De niño pintaba con acuarelas".
Pintaba con acuarelas cuando *era niño.*

1. "Siempre pinto para sentirme mejor".

   Yo siempre pinto con tal de que _____.

2. "No gané mucho dinero al principio, pero pude pagar el alquiler del estudio".

   Vendí mis primeros cuadros muy baratos para _____.

3. "Me gusta trabajar con modelos altos".

   Trabajo mejor siempre y cuando los modelos _____.

4. "Sólo pinto retratos de personas famosas".

   No pinto retratos a no ser que las personas _____.

5. "Primero vamos a conseguir el dinero y después otros artistas y yo vamos a abrir una escuela de pintura".

   Abriremos una escuela de arte siempre y cuando _____.

08-30 ¿Realizado o no realizado? Escucha las siguientes frases e indica si la acción ya ocurrió o si todavía no ha ocurrido.

1. Sí   No
2. Sí   No
3. Sí   No
4. Sí   No
5. Sí   No
6. Sí   No
7. Sí   No
8. Sí   No

08-31 ¿Para qué? Escucha las siguientes oraciones y escribe para qué es importante el arte. Sigue el modelo y presta atención al uso del infinitivo o del subjuntivo.

MODELO: La gente se expresa.
El arte es importante para que *la gente se exprese.*

1. El arte es importante para que _____.
2. El arte es importante para que _____.
3. El arte es importante para _____.
4. El arte es importante para _____.
5. El arte es importante para que _____.
6. El arte es importante para que _____.

08-32 Un trabajo complicado. Una pintora acaba de firmar un contrato con un museo, pero ha tenido muchos problemas. Escucha los problemas y completa las frases.

MODELO: No le pagan el anticipo.
No entregará el cuadro a menos que *le paguen el anticipo.*

1. No va a firmar el contrato antes de que _____.

2. Va a pintar el cuadro siempre y cuando _____.

3. Va a cambiar de trabajo a menos que _____.

4. El cuadro no estará listo el mes próximo a no ser que _____.

5. Lo va a pintar lo más rápido posible con tal de que _____.

6. Va a seguir trabajando para ese museo siempre y cuando _____.

■ Conversemos sobre las lecturas

08-33 Hablan los artistas. Tres de los grandes pintores españoles contemporáneos están dando algunos datos sobre su vida. Lee la información y después identifica cuál(es) de los tres pintores españoles afirmó (afirmaron) lo que sigue a continuación, y selecciona su(s) nombre(s). Puede ser más de uno.

Pablo Ruiz Picasso

Nací en Málaga en 1881 y viví hasta los noventa y dos años. A los 14 años fui admitido en la Escuela de Bellas Artes de Barcelona. Cuando comenzó el siglo, empecé a pintar cuadros en los que predominaba el color azul. Yo quería pintar los personajes de estos cuadros con expresión de melancolía y abandono. En 1904 cambié de técnica y adopté la monocromía rosa a fin de tener figuras con mayor alegría. En 1907 pinté *Las señoritas de Avignon*. A los críticos les gustó mucho y empezaron a citarlo como el prototipo del cubismo.

Durante la Guerra Civil Española pinté un gran mural, el *Guernica*, para la Exposición Universal de París. Quería mostrar a la gente cuáles eran las consecuencias de la guerra. Aunque viví casi toda mi vida en Francia, siempre me sentí muy unido a la gente y cultura de mi tierra.

Joan Miró

Nací en Barcelona en 1893 y viví hasta los noventa años. Fui pintor, ceramista, dibujante, grabador y escultor. Asistí a la Escuela de Bellas Artes de Barcelona. Cuando empecé a pintar, todos mis cuadros eran realistas, pero después cambié de estilo y me hice surrealista. Durante la guerra civil, viví en Francia y pinté un mural llamado *El segador* como reacción frente a ella. En 1958 la UNESCO me encargó dos murales de cerámica para su edificio de París. Trabajé hasta el día de mi muerte.

Salvador Dalí

Nací en Figueras (Barcelona) en 1904 y viví hasta los ochenta y cinco años. Estudié en la Escuela de Bellas Artes de Madrid. El pensamiento de Freud y los pintores surrealistas de París tuvieron una gran influencia en mi estilo. Siempre sentí curiosidad por los sueños y traté de recoger en mis cuadros las imágenes caóticas y distorsionadas que se presentan en ellos. Mientras vivía en París conocí a Gala, la mujer de mi vida. Aunque soy famoso por mis pinturas, también hice la película *Un perro andaluz* con mi amigo Luis Buñuel y colaboré con Hitchcock en otra película.

1. Además de pintar, también hice esculturas.   Picasso   Miró   Dalí

2. Pinté un mural que mostraba mi oposición a la Guerra Civil Española.   Picasso   Miró   Dalí

3. Viví parte de mi vida en Francia.   Picasso   Miró   Dalí

4. Nací en Cataluña.   Picasso   Miró   Dalí

5. Estudié en una Escuela de Bellas Artes.   Picasso   Miró   Dalí

6. Conocí a dos directores de cine muy famosos y trabajé con ellos.   Picasso   Miró   Dalí

7. Pinté muchos de mis cuadros siguiendo la estética del surrealismo.   Picasso   Miró   Dalí

8. Una de mis obras estuvo fuera de España durante la dictadura de Franco.   Picasso   Miró   Dalí

■ Avancemos con la escritura

08-34 Un cuadro. Después de leer la información sobre los tres artistas españoles, decidiste hacer una investigación sobre las obras de uno de ellos. Busca en un libro de arte o en Internet uno de sus cuadros y escribe un párrafo con la siguiente información: el nombre del pintor, el título del cuadro y la técnica utilizada. Luego describe el cuadro y di por qué te gusta.

_____

_____

_____

_____

_____

_____

_____

_____

_____

_____

08-35 Dictado: Frida. Escucha el fragmento de la biografía de Frida Kahlo y escríbelo a continuación.

_____

_____

_____

_____

_____

_____

_____

_____

_____

_____

_____

Hablemos de la juventud

■ En marcha con las palabras

En contexto: Entrevista a la socióloga Mercedes Salas (Textbook pp. 253–254)

09-01 Sopa de letras. Busca y marca en la sopa de letras las siguientes palabras. Las palabras pueden ir en horizontal o vertical.

afectar	alejado	consumo	esfuerzo	falla	juvenil
lealtad	ocio	peligro	pobreza	realizado	valores

```
A  L  E  J  A  D  O  K  V  G
F  S  O  L  E  A  L  T  A  D
E  Q  C  F  A  L  L  A  L  L
C  D  I  K  H  P  I  L  O  P
T  C  O  N  S  U  M  O  R  O
A  J  U  V  E  N  I  L  E  B
R  N  L  E  C  S  R  U  S  R
E  S  F  U  E  R  Z  O  J  E
Q  O  P  E  L  I  G  R  O  Z
S  P  A  Z  F  E  L  O  M  A
K  R  E  A  L  I  Z  A  D  O
```

09-02 ¿Con qué relacionas estas palabras? Lee las siguientes palabras y busca la que mejor se asocia con cada una.

1. horario _____
2. jerga _____
3. madrugada _____
4. par _____
5. lealtad _____
6. novedoso _____
7. vínculo _____

a. conexión
b. fecha
c. sol
d. lengua
e. nuevo
f. valor
g. amistad

09-03 Palabras y más palabras. Escucha las siguientes definiciones y escribe la palabra a la que se refieren.

1. _____
2. _____
3. _____
4. _____
5. _____
6. _____

09-04 La sencillez sencillamente sencilla. Escucha los siguientes sustantivos y da el adjetivo masculino singular correspondiente. No dudes en utilizar tu diccionario si lo necesitas.

MODELO: marginación
          marginado

1. _____
2. _____
3. _____
4. _____
5. _____
6. _____
7. _____
8. _____

09-05 ¿Un horario que camina? Escucha las siguientes oraciones y decide si son lógicas o ilógicas.

1. lógico   ilógico
2. lógico   ilógico
3. lógico   ilógico
4. lógico   ilógico
5. lógico   ilógico
6. lógico   ilógico
7. lógico   ilógico
8. lógico   ilógico

09-06 La juventud de hoy. Lee el siguiente resumen del artículo del sociólogo Enrique Lavalle sobre los jóvenes de hoy y completa las oraciones con las palabras apropiadas. Haz todos los cambios necesarios.

estar al alcance de   desanimar   a través   mercado de consumo   alejado   anterior

Según el artículo, los jóvenes de hoy en día carecen de constancia, ya que se (1) _____ fácilmente ante los problemas.

(2) _____ de la música que escuchan, la ropa que usan y las diversiones que tienen, los jóvenes crean su propio (3) _____.

Como los jóvenes de las generaciones (4) _____, éstos viven (5) _____ de las convenciones de su propia sociedad.

Al navegar por Internet, el mundo (6) _____ los jóvenes desde su computadora.

09-07 Ahora tú. Define las siguientes palabras oralmente para describir a los jóvenes de hoy en día. Debe quedar claro el significado de cada palabra.

MODELO: diferenciarse
          Los jóvenes necesitan diferenciarse de los demás.

1. esfuerzo
2. lealtad
3. desganado
4. centrado en sí mismo
5. ocio

09-08 Mujeres increíbles. Escucha la descripción de estas cuatro mujeres, que están interesadas en ayudar a los jóvenes, y completa las fichas con la información que corresponda.

A. Nombre: Ángeles

Ciudad: (1) _____

País: (2) _____

Títulos: (3) _____ y _____

Idiomas: (4) _____, _____, y _____

Trabajo actual: Trabaja en la universidad y es directora de "Orientar"

B. Nombre: (1) _____

Ciudad: Medellín

País: (2) _____

Título: (3) _____

Idiomas: (4) _____ y _____

Trabajo actual: da clases en una escuela secundaria y es directora de un grupo de investigación

C. Nombre: (1) _____

Ciudad: (2) _____

País: (3) _____

Títulos: asistente social y maestría en estudios culturales

Idiomas: hebreo, inglés y español

Trabajo actual: (4) _____

D. Nombre: (1) _____

Ciudad: (2) _____

País: (3) _____

Título: (4) _____

Idiomas: español, catalán, inglés y francés

Trabajo actual: profesora de lengua y literatura; encargada del programa de prevención de drogas del colegio

09-09 Uso del tiempo. Escucha la información que nos da el Instituto de la Mujer y contesta las siguientes preguntas oralmente.

1. ¿Quién realizó el estudio?
2. ¿En qué pasan más tiempo las mujeres?
3. ¿En qué pasan menos tiempo los hombres?
4. ¿En qué pasan más tiempo los hombres?
5. ¿En qué pasan menos tiempo las mujeres?
6. ¿Quién dedica más tiempo al cuidado corporal?

¡Sin duda! *(Textbook p. 257)*

09-10 Un informe alarmante. Mara está trabajando en un grupo de apoyo a mujeres y preparó un informe sobre la condición de las mujeres jóvenes de su país. Aquí hay algunos datos incluidos en el informe. Usa los verbos a continuación en la forma y el tiempo apropiados para completarlo.

| apoyar | mantener | soportar | sostener |

1. En este país las mujeres _____ condiciones de vida muy duras.

2. Para muchas de ellas, es imposible _____ a sus familias con el poco dinero que ganan.

3. En los últimos años muchas organizaciones están _____ las iniciativas de las mujeres para crear pequeños negocios.

4. Algunos grupos conservadores _____ que si las mujeres se independizan económicamente, habrá conflictos sociales.

Así se dice *(Textbook p. 258)*

09-11 Propuestas. Estos amigos están haciendo planes para salir juntos. Completa los diálogos con la expresión correcta.

Te invito	Querrías
Me encantaría	Perdóname, pero esta vez no puede ser
lo siento	gustaría

ALICIA: ¿(1) _____ ir al cine esta noche?

SOFÍA: ¡Cuánto (2) _____! No puedo aceptar porque mi madre está enferma y quiero quedarme en casa con ella esta noche.

PEDRO: (3) _____ a cenar otra vez en el restaurante francés que tanto te gusta.

BEATRIZ: (4) _____ porque ya he hecho planes con Luisa y Ana para salir esta noche.

ALEJANDRA: ¿Te (5) _____ cenar conmigo esta noche en mi casa?

PABLO: ¡Gracias! (6) _____. ¿Qué llevo para la cena?

09-12 Te invito. Escucha las siguientes preguntas y escoge la respuesta lógica.

1. a. Gracias. Me encantaría ir al cine contigo.
   b. Sí, cómo no. ¿Por la mañana te va bien?
   c. No, lo siento. Esta noche no puedo.

2. a. Me encantaría.
   b. Me gustaría mucho pero esta noche no puedo.
   c. No, gracias. A mí el cine no me gusta.

3. a. Lo siento pero me es imposible ir en este momento.
   b. Me gustaría mucho. Lo leo y te lo devuelvo mañana.
   c. ¿Al cine? Perdóname pero esta vez no puede ser. Tengo amigos en casa.

4. a. Sí, cómo no. ¿La película empieza a las nueve?

   b. ¿Una conferencia sobre los jóvenes? Sí, me gustaría mucho.

   c. Me encantaría, pero no puedo ir al concierto. No tengo tiempo.

5. a. Gracias, nos encantaría. ¿A qué hora es la película?

   b. ¡Cuánto lo siento! No puedo aceptar porque tengo mucho trabajo.

   c. Encantada. Lo acepto con mucho gusto.

6. a. Me gustaría mucho. Tú sabes que el campo me encanta.

   b. Lo siento, pero no puedo. Los niños están conmigo esta noche.

   c. Sí, cómo no. Lo leo y te lo devuelvo mañana.

■ Sigamos con las estructuras

REPASEMOS 1

Talking about future activities: Future tense (Textbook p. 260)

09-13 Planes para la niña. Jordi, un catalán, y su esposa andaluza, Carmen, acaban de ser padres y tienen muchos planes para su hija, Marta. Completa sus ideas con el futuro de los verbos.

MODELO: Marta *aprenderá* (aprender) a tocar un instrumento musical.

1. Marta _____ (estudiar) con nosotros todos los días.

2. Yo le _____ (leer) cuentos todas las noches.

3. La niña _____ (saber) dos lenguas: el catalán y el castellano.

4. Nosotros _____ (hacer) todo lo posible para que vaya a la universidad y estudie lo que quiera.

5. Marta _____ (tener) juguetes no exclusivamente de niñas.

6. Nosotros tres _____ (ir) de excursión a muchos lugares interesantes.

7. Marta _____ (poder) crecer en una sociedad con menos prejuicios.

8. Seguramente _____ (haber) más oportunidades profesionales para ella que para mí.

09-14 Un futuro prometedor. Diego está pensando en cómo serán las cosas en el futuro. Escucha las siguientes oraciones y luego cámbialas al futuro.

MODELO: Ellas trabajan y estudian.

        Ellas trabajarán y estudiarán.

1. _____

2. _____

3. _____

4. _____

5. _____

6. _____

7. _____

8. _____

Nombre: _____ Fecha: _____

09-15 ¿Qué será de la vida, qué será? Piensa en el año 2020. Escucha y reacciona usando el futuro, como en el modelo.

MODELO: Hoy luchamos contra la injusticia.
Probablemente en el 2020... *lucharemos contra la injusticia.*

Probablemente en el 2020...

1. _____
2. _____
3. _____
4. _____
5. _____
6. _____
7. _____
8. _____

REPASEMOS 2

Talking about conditions: Conditional tense (Textbook p. 261)

09-16 Sueños de ministra. Cristina Ibárruri trabaja en una escuela, pero en el futuro quiere dedicarse a la política. Está explicándoles a unos jóvenes que trabajan con ella lo que haría por ellos si fuera elegida. Usa el condicional y las palabras dadas para escribir lo que Cristina haría por ellos.

MODELO: Nosotros / ofrecer / más actividades / para los niños
Nosotros ofreceríamos más actividades para los niños.

1. yo / crear / más programas de deportes / en los barrios

_____

2. los jóvenes / poder / pedir préstamos / fácilmente

_____

3. nosotros / facilitar / el acceso / de los jóvenes / al mundo del trabajo

_____

4. Rosa, tú / dirigir / el departamento / de deportes y cultura

_____

5. los jóvenes / saber / dónde / pedir ayuda

_____

6. nosotros / poner / más parques recreativos / en todos los barrios

_____

7. nuestros centros de cultura / ofrecer / cursos especiales

_____

8. las mujeres jóvenes / venir / a nuestras clínicas / con confianza

_____

09-17 Chismes (Gossip). Bárbara y Carlos están hablando de otras personas que conocen. Lee los comentarios de Bárbara y escoge la conjetura que mejor cuadra a cada situación.

Bárbara dice:

1. Ana y Néstor se casaron sólo tres meses después de conocerse. _____

2. Teresita se relaciona muy bien con todos. _____

3. A los niños les encanta estar con Héctor. _____

4. Dalia se fue temprano de la fiesta anoche. _____

5. Yo casi no duermo por la noche porque tengo demasiado trabajo. _____

6. Tu hermano no me saludó ayer después de la pelea que tuvimos. _____

Carlos comenta:

a. ¿Les mostrará mucha ternura y cariño?

b. ¿Tendría vergüenza?

c. ¿Se amarían mucho?

d. ¿Tendrá ella una personalidad agradable?

e. ¿Estaría aburrida?

f. ¿Estarás cansadísimo/a?

09-18 Yo querría... Manuela está pensando en cosas que ella o gente conocida haría si pudiera (*if they could*). Escucha las siguientes oraciones y luego cámbialas al condicional.

MODELO: Yo quiero la igualdad entre los sexos.
         Yo querría la igualdad entre los sexos.

1. _____

2. _____

3. _____

4. _____

5. _____

6. _____

7. _____

8. _____

APRENDAMOS 1

Describing past desires, giving advice, and expressing doubts: Imperfect subjunctive (Textbook p. 263)

09-19 Una fiesta sorpresa de cumpleaños. Ayer, Ana llamó a Rosa para organizar una fiesta sorpresa para su amiga Silvana. Usa el imperfecto de subjuntivo de los verbos para completar el párrafo.

Sabía que mi amiga Ana estaba un poco loca, pero no creía que lo (1) _____ (poder) estar tanto. Ayer, me llamó para que (nosotros) (2) _____ (organizar) juntas una fiesta sorpresa de cumpleaños para nuestra amiga Silvana. Quería que (nosotros) (3) _____ (invitar) a todos los amigos de la universidad, así como a sus amigos de la secundaria y a su familia. Además, también quería que (4) _____ (venir) los amigos de Silvana de la natación y de su club de tenis. En fin, en total, eran más de trescientas personas. Me pidió que yo (5) _____ (enviar) las invitaciones a todos y que (6) _____ (buscar) un lugar donde organizar la fiesta. Entonces, le dije que me parecía una locura y que creía que sería mucho más fácil y agradable para Silvana hacer una pequeña fiesta con sus mejores amigos en el restaurante de la ciudad que más le gusta.

09-20 ¿Qué querían? Escucha lo que hacían estas personas cuando eran pequeñas. Luego, cámbialas de acuerdo al modelo.

MODELO: Nosotros no jugábamos en el jardín.
          Nuestros abuelos querían *que nosotros jugáramos en el jardín.*

1. Mis parientes querían _____
2. Mi madre deseaba _____
3. Mis profesores esperaban _____
4. Yo necesitaba _____
5. Mi abuelo deseaba _____
6. Mis padres preferían _____

Ventana al mundo

Jugar en Red (Textbook p. 265)

09-21 Tus conocimientos de la Red. Un tema muy importante hoy en día es la Red, incluso jugar en la Red. Antes de ver el video, elige la opción correcta para completar las siguientes frases.

1. Aunque aparecieron las más antiguas versiones de la Red años antes, el World Wide Web se introdujo en los años _____.

   a. sesenta   b. noventa   c. cincuenta

2. El primer uso de la Red, antes de la época del World Wide Web, fue un sistema de correo electrónico creado para el Departamento de _____ de los EE.UU.

   a. Defensa   b. Educación   c. Justicia

3. Unos estadísticos recientes indican que, en España, los gastos para el software de videojuegos exceden lo que se paga para los boletos de _____.

    a. trenes   **b.** cine   **c.** deportes

4. El primer mensaje comercial SMS fue enviado en 1992 en _____.

    a. el Reino Unido   **b.** Argentina   **c.** los EE.UU.

09-22 ¿Qué te dice el video? Al mirar el video, escribe las respuestas a las siguientes preguntas en los espacios.

1. La mujer con cabello corto a quien se entrevista en este video usa Internet para descargar _____.

2. El hombre que lleva una camiseta negra y anteojos suele usar Internet para buscar _____.

3. Según el video, las redes sociales y los sitios Web ayudan a los jóvenes a _____, a divertirse y a ampliar su círculo de amigos.

4. Para evitar el lado negativo del Internet, según el video, es importante no poner en Internet información como _____ y números de teléfono.

5. Inmediatamente después, un hombre añade *(adds)* que se necesita también evitar poner dirección de casas y cosas _____.

09-23 ¿Qué opinas tú? Contesta cada una de las siguientes preguntas en un párrafo de cinco a seis oraciones.

1. ¿Tienes una cuenta en un sitio de comunicación social? ¿Es segura tu cuenta? Explica de manera convincente lo que haces para asegurar su seguridad.

2. Imagínate que te has transportado en una máquina del tiempo *(time machine)* hasta la época de la juventud de tus padres. Explica cómo, sin Internet, te comunicarás con tus amigos y ampliarás tu círculo de amigos. ¿Cómo harás tus investigaciones *(research)* para las clases? ¿Cómo escucharás tu música favorita? ¿Cómo te divertirás?

3. Evalúa cuál te gusta/te gustaría más: la vida antes del Internet o la vida con Internet, y defiende tu opinión de manera convincente.

_____

_____

_____

_____

_____

APRENDAMOS 2

Talking about hypothetical situations in the future: Conditional clauses (Textbook p. 265)

09-24 La familia. Gabriela tiene algunos problemas con su familia. La lista A explica los problemas y la lista B da las recomendaciones de una amiga. Escribe oraciones condicionales basándote en la información de las dos listas, según el modelo. Haz los cambios necesarios.

MODELO: Tengo problemas con mi padre. Debes hablar inmediatamente con él.
Si tienes problemas con tu padre, habla inmediatamente con él.

A. Problemas	B. Recomendaciones
1. Mi hermana se pone mi ropa.	1. Debes decirle que no lo haga.
2. Mi padre quiere que ordene mi cuarto durante la semana.	2. Debes explicarle que lo harás durante el fin de semana.
3. Mi madre no me entiende.	3. Debes tener paciencia y hablar con ella.
4. Mi hermana nunca me ayuda a preparar la comida.	4. Debes establecer turnos para cocinar.
5. Mi familia y yo nunca tenemos tiempo para hacer cosas juntos.	5. Deben irse de vacaciones.

1. _____
2. _____
3. _____
4. _____
5. _____

09-25 Consejos encadenados. No estás contento/a en tu trabajo y tu amiga te está dando algunos consejos para encontrar otro. Completa sus consejos continuando la cadena de oraciones como en el modelo. Presta atención al uso del mandato o del futuro.

MODELO: Si no estás contento/a en esa oficina, *busca otro trabajo.*
Si buscas otro trabajo, *prepárate con tiempo.*
Si te preparas con tiempo, *encontrarás algo bueno.*
Si encuentras algo bueno, estarás feliz.

A. Si buscas un trabajo nuevo en el periódico, (1) _____.

Si encuentras muchas posibilidades, (2) _____.

Si seleccionas la mejor para ti, seguro que conseguirás una entrevista.

B. Si consigues una entrevista, (3) _____.

Si haces una lista de preguntas, (4) _____.

Si no te olvidas de preguntar por los beneficios, tendrás una idea más clara de las ventajas de los puestos que solicites.

C. Si te llaman de la empresa INSESA, ve a la entrevista.

Si vas a la entrevista, (5) _____.

Si te compras un traje serio, (6) _____.

Si causas una buena impresión, te darán el trabajo.

D. Si te ofrecen el trabajo, acéptalo.

Si lo aceptas, (7) _____.

Si pides un buen horario, (8) _____.

Si te lo dan, estarás feliz.

09-26 Si quieres algo, tendrás que pedirlo. Pedro y Ana están teniendo una discusión pensando en cómo se puede conseguir lo que uno quiere. Escucha las siguientes oraciones y luego cámbialas de acuerdo al modelo.

MODELO: Tú hablas con tus hijos. / La relación es mejor.
            Si hablas con tus hijos, la relación será mejor.

1. _____

2. _____

3. _____

4. _____

5. _____

6. _____

09-27 Si hay injusticia, defiéndete. Escucha las siguientes preguntas y luego contéstalas de manera original de acuerdo al modelo.

MODELO: ¿Si te pagan menos que a tu compañero?
            Si te pagan menos que a tu compañero, habla con tu jefa.

1. _____

2. _____

3. _____

4. _____

5. _____

6. _____

APRENDAMOS 3

Discussing contrary-to-fact situations: Conditional clauses (Textbook p. 267)

09-28 Quejas. Una socióloga explica las necesidades de la juventud actual. Une las frases de forma lógica para formar oraciones condicionales que expresen las sugerencias de la socióloga. Sigue el modelo.

MODELO: no hay trabajos — estar contentos
Si hubiera más trabajos, estarían contentos.

A	B
no hay suficientes becas para estudiantes	votar
los bancos no les dan préstamos a los jóvenes	abrir pequeñas empresas
no existen políticos confiables	independizarse más rápidamente
no crean trabajos para los jóvenes	haber menos deserción escolar

1. _____
2. _____
3. _____
4. _____

09-29 Momentos difíciles. Elena le está explicando a su amiga la situación difícil por la que está pasando en estos momentos. Escribe oraciones condicionales para explicar cómo sería la situación contraria, de acuerdo al modelo.

Peleo tanto con mi madre que ya no nos hablamos. Ella quiere que yo limpie mi cuarto cada día y por eso discutimos. No tengo un trabajo este verano y por eso no tengo dinero. Mi mamá no me deja invitar amigos a la casa y eso me enfada. Además los fines de semana no puedo salir y me aburro en casa. Lo peor es que mi hermanito se mete en mi cuarto y por eso le grito. Luego mi madre se enoja conmigo... ¿Qué puedo hacer?

MODELO: "Peleo tanto con mi madre que ya no nos hablamos".
Si no peleara tanto con mi madre, todavía nos hablaríamos.

1. _____
2. _____
3. _____
4. _____
5. _____

09-30 Situaciones hipotéticas. Imagina que tienes un puesto de trabajo que te permite hacer algo para apoyar a los jóvenes del mundo. Usa oraciones condicionales para explicar lo que harías. Sigue el modelo.

MODELO: Diriges una empresa:
Si dirigiera una empresa, daría más trabajos a los jóvenes.

1. Te han nombrado ministro/a de tu país:

_____

_____

2. Eres el rector/ la rectora de una universidad:

_____

_____

3. Trabajas en las Naciones Unidas:

_____

_____

09-31 ¿Lo harías? Un amigo está tratando de convencerte de que debes ser más activo/a políticamente, pero tú siempre encuentras una excusa. Escucha las preguntas y luego respóndelas de acuerdo al modelo.

MODELO: ¿Irías a la reunión?
Tengo dinero.
Iría a la reunión si tuviera dinero.

1. No ser peligroso.

_____

2. Ayudarme los demás.

_____

3. Darme el presupuesto.

_____

4. Tener tiempo.

_____

5. Ver una injusticia.

_____

6. Saber del tema.

_____

09-32 Situaciones ideales. Escucha las siguientes quejas de un grupo de jóvenes latinoamericanos, y luego escribe una oración original para expresar cómo serían las cosas en la situación contraria.

MODELO: No hay becas para los estudiantes.
Si hubiera becas, más jóvenes estudiarían.

1. _____

2. _____

3. _____

4. _____

5. _____

6. _____

■ Conversemos sobre las lecturas

09-33 Vidas difíciles. Lee los problemas de tres jóvenes de diferentes países. Luego decide si las siguientes afirmaciones son ciertas o falsas. Si no se dice, selecciona *No se menciona*.

ANA

Soy de un pequeño pueblo en las montañas de Colombia, Salento. Mi familia es campesina y yo soy la primera en asistir a la universidad. Estudié mi licenciatura en veterinaria en la Universidad Nacional de Bogotá, mientras trabajaba en una cadena de supermercados para mantenerme. Ahora quiero continuar con mis estudios de maestría, pero no sé qué puedo hacer. No hay becas suficientes para estudios de posgrado y no tengo dinero para continuar estudiando por dos años más.

JOAQUÍN

Acabo de graduarme en educación en Santa Cruz, Bolivia y empecé a trabajar en una escuelita para niños, en su mayoría, indígenas en La Paz. Mi objetivo es enseñarles a los niños de mi escuela a usar la computadora. Ahora que vivimos en una aldea global, las personas necesitan saber usar la tecnología para poder triunfar. El problema es que sólo tenemos dos computadoras en mi escuela y no es suficiente para enseñarles a todos.

ALBA

Vivo en Quito, Ecuador, y tengo 18 años. Terminé mis estudios de secundaria y no puedo continuar en la universidad porque necesito buscar un trabajo. Soy la mayor de mi familia y tengo que trabajar para ayudar a mi mamá. Ella maneja un taxi, pero eso no es suficiente para mantenernos a mis tres hermanitos y a mí. No he podido encontrar trabajo todavía. No tengo experiencia ni estudios. No sé qué hacer...

---

1. Ana es colombiana.   Cierto   Falso   No se menciona

2. Viene de una familia numerosa.   Cierto   Falso   No se menciona

3. Obtuvo una beca para seguir con sus estudios de posgrado.   Cierto   Falso   No se menciona

4. Joaquín trabaja con niños sobre todo indígenas en Bolivia.   Cierto   Falso   No se menciona

5. Quiere enseñar a los niños cómo usar la tecnología.   Cierto   Falso   No se menciona

6. Su escuela tiene suficientes computadoras.   Cierto   Falso   No se menciona

7. Alba está buscando trabajo para ayudar a su madre a mantener a su familia.   Cierto   Falso   No se menciona

8. Alba siempre ha querido ser enfermera.   Cierto   Falso   No se menciona

■ Avancemos con la escritura

09-34 Y tú, ¿qué opinas? Escribe un párrafo sobre los asuntos que te preocupan en tu vida. Sigue el modelo de los jóvenes de la actividad **9-33**.

_____

_____

_____

_____

_____

_____

_____

_____

_____

_____

_____

09-35 Dictado: La jerga juvenil. Transcribe el fragmento del ensayo "El lenguaje de los adolescentes" que escucharás a continuación.

_____

_____

_____

_____

_____

_____

_____

_____

_____

_____

_____

_____

Repaso 3

R03-01 Definiciones. Vas a escribir un diccionario monolingüe de bolsillo para un amigo que quiere aprender español y elegiste las siguientes definiciones para las palabras dadas. Asocia cada palabra con la frase que mejor la defina.

1. el éxito _____
2. el currículum vitae _____
3. el sueldo _____
4. el lienzo _____
5. juvenil _____
6. el aspirante _____
7. el retrato _____
8. afectar _____
9. entrenar _____
10. ascender _____

a. información sobre los estudios y la experiencia laboral de una persona
b. pintura o fotografía de una persona
c. subir en una empresa o un puesto
d. algo que se ha logrado
e. enseñar a alguien a hacer algo o prepararse para una competición
f. causar un impacto en algo o en alguien
g. dinero que se recibe por el trabajo
h. tela blanca que usan los pintores para pintar sus cuadros
i. algo relacionado con la juventud
j. la persona que busca trabajo

R03-02 Las mujeres de Rosalía. Rosalía admira mucho a las mujeres de su familia y ahora está explicándole a un amigo algunas cosas de ellas y de sí misma. Selecciona la palabra o expresión correcta para completar sus comentarios.

1. Mi madre piensa que ahora la comunicación entre los sexos es más sincera porque las mujeres (contratan / negocian / convierten) sus derechos con los hombres de una manera más (cómoda / emprendedora / juvenil).

2. Mi abuela me dijo que cuando ella era muy joven (mantuvo / tomó decisiones / se dio cuenta) de que le gustaba mucho (implicar / firmar / pintar) pero su padre no la dejó asistir a la escuela de Bellas Artes. Mis bisabuelos tenían una panadería y mi abuela se pasó toda su juventud (teniendo iniciativa / atendiendo al público / alargándose).

3. Mi hermana es periodista y para escribir sus artículos usa como (paleta / fuente de inspiración / edad) la vida y las experiencias de las mujeres. Mi hermana estudia la (conducta / similitud / disculpa) de las adolescentes en situaciones de estrés.

4. Yo ya decidí el tema de investigación para mi clase de literatura de mujeres. Mañana voy a preparar un (esquema / lienzo / horario) de mi proyecto para mi profesora. ¡Espero que ella lo apruebe!

5. Mi prima es una (candidata / aspirante / activista) que lucha por las mujeres jóvenes. Ella (influye / defiende / enfoca) sus derechos a través de una asociación que fundó con otras compañeras.

R03-03 Palabras indefinidas y negativas.
Daniel y Jorge son amigos y comparten un apartamento desde hace unos días. Normalmente, Jorge es bastante optimista, pero hoy está muy negativo. Usa las palabras negativas que correspondan para completar las respuestas de Jorge.

MODELO: DANIEL: *¿Viste a alguien de la universidad?*
           JORGE: No, no vi a nadie.

DANIEL: ¿Fuiste a alguna clase esta mañana?

JORGE: No, (1) _____.

DANIEL: ¿Hablaste con alguien en el trabajo?

JORGE: No, (2) _____.

DANIEL: ¿Comiste algo al mediodía?

JORGE: No, (3) _____.

DANIEL: ¿Quieres pollo o pescado?

JORGE: No, (4) _____.

DANIEL: ¿Eres siempre tan serio?

JORGE: No, (5) _____.

DANIEL: ¿Entonces te pasa algo?

JORGE: No, (6) _____.

DANIEL: Bueno, hombre, no te pongas así.

R03-04 Los planes de María Eugenia.
María Eugenia está estudiando pintura e historia del arte. Ahora está haciendo planes para el futuro. Usa el presente de indicativo o de subjuntivo de los verbos para completar el párrafo.

Mi madre siempre me dice que debo tratar de exponer mis cuadros en la galería Marcos, pero yo no conozco ningún estudiante de mi escuela que (1) _____ (exponer) sus pinturas en esa galería. Es una galería demasiado selectiva. Sin embargo, en mi clase de arte hay una estudiante que (2) _____ (pintar) unos óleos buenísimos y voy a decirle que se los enseñe al director. Quizás ella pueda ser la primera. A mí me interesa más ser profesora de arte que dedicarme a pintar y, por eso, estoy buscando un puesto que (3) _____ (estar) relacionado con la enseñanza. Ayer visité una escuela que (4) _____ (tener) un programa de arte muy interesante y están buscando un profesor. Me dijeron que el candidato que ellos (5) _____ (elegir) deberá ocuparse de enseñar historia del arte y de llevar a los estudiantes a los museos. Me parece que voy a solicitar el puesto porque creo que reúno todas las cualidades que ellos (6) _____ (buscar).

R03-05 **La historia de Amanda.** Une la información de las dos listas para reconstruir la historia de Amanda.

A

1. Cuando Amanda tenía dieciséis años _____
2. Cambió de opinión _____
3. Empezó a estudiar informática en la universidad _____
4. Ahora trabaja temporalmente en una empresa de publicidad _____
5. No buscará un puesto de trabajo más estable _____
6. Cuando tenga trabajo y gane algo de dinero _____

B

a. hasta que no se gradúe.
b. en cuanto reunió el dinero necesario para pagar la matrícula.
c. después de descubrir que le daba miedo la sangre.
d. cuando tiene vacaciones en la universidad.
e. quería ser médica.
f. podrá viajar y hacer cosas que antes no se podía permitir.

R03-06 **Los problemas de Pablo.** Llegó el invierno y Pablo está enfermo, pero siente la obligación de volver al trabajo. Escribe las siguientes oraciones sobre Pablo según el modelo.

MODELO: Pablo / tener que/ trabajar / aun cuando / sentirse mal.
Pablo tiene que trabajar aun cuando se sienta mal.

1. Pablo / siempre / ponerse enfermo / en cuanto / llegar / el invierno

   _____

2. ayer Pablo / ir / trabajar / aunque / no sentirse bien

   _____

3. hoy ir a llamar / el médico / tan pronto como / despertarse

   _____

4. querer / hablar / con el médico / para que / recomendarle / algo eficaz

   _____

5. Pablo / necesitar / volver / a la oficina pronto / a pesar de que / no estar bien

   _____

R03-07 **Los esfuerzos de María.** María quiere ser pintora, pero sabe que no es fácil. Usa el tiempo apropiado del subjuntivo o el infinitivo para completar el texto a continuación sobre su vida.

María empezó a pintar muy bien cuando era niña. Por eso, al cumplir los dieciséis años, sus padres la enviaron a una escuela de arte para que (1) _____ (aprender) diferentes técnicas y (2) _____ (desarrollar) más su talento artístico. Antes de (3) _____ (graduarse), María se dio cuenta de que, si quería dedicar su vida al arte, tendría que marcharse a otra ciudad más grande al terminar las clases y empezar otra carrera para (4) _____ (ganar) dinero y (5) _____ (abrir) su propio taller.

Su abuelo siempre la apoyaba y le daba buenos consejos. María no olvida sus palabras: "No vas a tener éxito a menos que (6) _____ (trabajar) mucho. Sin (7) _____ (esforzarse) no vas a conseguir nada. Todo lo vas a tener que lograr tú sola, a no ser que alguien te (8) _____ (patrocinar) una exposición, y eso sólo va a ocurrir siempre y cuando tú (9) _____ (ser) una gran artista". Para no (10) _____ (olvidar) los consejos de su abuelo, María los escribió en un pequeño papel y siempre los lee cuando se siente sin fuerzas para seguir luchando por su sueño.

R03-08 La opinión de la abuela. Rebeca es una joven muy independiente. Su abuela es muy conservadora y no le gusta nada el comportamiento de Rebeca. Termina las opiniones de la abuela usando oraciones condicionales. Sigue el modelo.

MODELO: Si te tiñes el pelo de color verde / tus amigos reírse de ti
Si te tiñes el pelo de color verde, tus amigos se reirán de ti.

1. Si juegas al fútbol / yo nunca ir a ningún partido tuyo

_____

2. Si estudias ingeniería mecánica / tener muchas dificultades en tus clases

_____

3. Si te cortas el pelo / parecer un chico

_____

4. Si te vistes siempre con esa ropa / no encontrar trabajo

_____

5. Si no cambias de actitud / no casarte

_____

R03-09 ¿Qué dicen? Elena, Paulina y Victoria hablaron en un programa de radio sobre sus profesiones. Termina sus ideas con la información que mejor complete el contexto.

Elena (mujer de negocios):

1. Mis hijos sacan malas notas en el colegio.
Si yo tuviera más tiempo libre en
mi trabajo, _____

2. Si no trabajara tantas horas, _____

Paulina (pintora):

3. Si te dedicas solamente a la pintura, _____

4. Si yo no pintara, _____

Victoria (escritora feminista):

5. Si hubiera una mujer en la presidencia,

_____

6. Si tienes una hija, _____

a. no me sentiría realizada como persona.

b. no la eduques de modo diferente a un hijo.

c. podría dedicarme más a mis hijos.

d. haría más ejercicio.

e. vivirás con muchos problemas económicos.

f. aprobaría más programas sociales para las jóvenes.

R03-10 ¿Qué pasaría? A Mario le gustan mucho los niños y trabaja en una guardería infantil de un barrio obrero. Lee el siguiente párrafo y luego escribe oraciones condicionales para explicar la situación contraria.

Mario trabaja en una guardería y por eso se siente muy feliz. En esta guardería los niños están de ocho a cinco y así sus padres pueden trabajar a tiempo completo. Mario hace actividades divertidas con los niños y ellos lo adoran. La jefa de Mario está contenta con el trabajo de Mario y piensa contratarlo para el año que viene. A Mario le gustan los niños y quiere quedarse en la guardería más tiempo. Los niños son tranquilos y los trabajadores nunca tienen problemas con ellos.

MODELO: *Si Mario no trabajara en una guardería, no se sentiría tan feliz.*

1. _____
2. _____
3. _____
4. _____
5. _____

R03-11 El campus universitario. Imagínate cómo será el campus de tu universidad dentro de cincuenta años y explica lo que será diferente y lo que será igual.

_____
_____
_____
_____
_____
_____
_____
_____
_____
_____
_____
_____
_____
_____
_____

 10 Hablemos del comercio justo y el consumo responsable

▮ En marcha con las palabras

En contexto: Comercio justo (Textbook p. 281)

10-01 Asociación. Rafael está organizando estas palabras relacionadas con la tecnología. Selecciona la palabra que no pertenece a cada grupo.

1. a. caja	**b.** precio	**c.** costurera
2. a. proporcionar	**b.** promover	**c.** proveer
3. a. truco	**b.** costurera	**c.** tejedor
4. a. juguete	**b.** disminuir	**c.** infantil
5. a. pedido	**b.** emplear	**c.** consumidor
6. a. propósito	**b.** meta	**c.** diestro

10-02 Hablando de compras. Rafael está tratando de recordar algunas palabras nuevas, pero sólo recuerda su definición. Escribe la palabra apropiada para cada definición. No te olvides de añadir el artículo definido donde sea necesario.

1. El lugar donde se paga en el supermercado: _____

2. La persona que compra en el supermercado: _____

3. Cuando un producto cuesta menos de lo normal está de: _____

4. Vehículo que se usa en el supermercado para no tener que llevar todo a mano: _____

5. Lo que cuesta un producto es su: _____

6. El hecho de esperar para pagar en el supermercado: _____

🔊 **10-03 ¿Es lógico o ilógico?** Escucha las siguientes oraciones y decide si son lógicas o ilógicas.

1. lógico   ilógico
2. lógico   ilógico
3. lógico   ilógico
4. lógico   ilógico
5. lógico   ilógico
6. lógico   ilógico
7. lógico   ilógico
8. lógico   ilógico

10-04 Antónimos. Escucha las siguientes palabras y escoge el antónimo de cada una.

1. _____   **a.** el consumidor
2. _____   **b.** disminuir
3. _____   **c.** favorecer
4. _____   **d.** rechazar
5. _____   **e.** diestro

10-05 Problemas técnicos. Juan tiene problemas con su ordenador. Completa el párrafo con las expresiones apropiadas.

sino también	tener en cuenta	no sólo	puesto que

Cuando uno compra café, es importante (1) _____ si la empresa que lo vende respeta el comercio justo. (2) _____ no todos los vendedores lo hacen, es necesario informarse uno mismo. El comercio justo es algo muy positivo (3) _____ porque respeta los derechos humanos (4) _____ porque fomenta el respeto por el medio ambiente. Desde mi punto de vista, siempre que sea posible, habría que comprar productos que llevan la etiqueta de comercio justo.

10-06 Nuevos términos. En la universidad, Ana está estudiando el vocabulario relacionado con la compra y venta de productos. Escribe la definición para cada palabra.

MODELO: el autoservicio
        Es cuando las personas pueden servirse ellos mismos (en un restaurante, por ejemplo).

1. el consumidor

   _____

2. la oferta

   _____

3. la cadena

   _____

4. colocar

   _____

5. la ganancia

   _____

10-07 Asociaciones. Escucha las siguientes palabras y asócialas con la palabra apropiada de la lista.

1. _____   **a.** cajero
2. _____   **b.** beneficio
3. _____   **c.** niño
4. _____   **d.** objetivo
5. _____   **e.** poner
6. _____   **f.** esperar

10-08 ¿Serías un vendedor comprometido con el comercio justo? Este es un test para saber si tienes las características de un/a vendedor/a comprometido/a con el comercio justo. Contesta las siguientes preguntas oralmente para saber si tienes las características de un/a directivo/a global.

1. ¿Te importan los derechos humanos? ¿Por qué?

2. ¿Qué opinas sobre el trabajo infantil? ¿Por qué?

3. ¿Te importa el medio ambiente? ¿Qué haces para cuidarlo?

4. ¿Qué opinas sobre la paridad entre hombres y mujeres? ¿Por qué?

5. ¿Prefieres comprar productos de grandes cadenas o directamente de pequeños productores?

10-09 Una cadena que vende café. Adrián está haciendo una investigación para su clase de economía y tiene que entrevistar a varias empresas que respetan el comercio justo. Escucha la entrevista y decide si las siguientes afirmaciones son ciertas o falsas o si la información no se menciona.

1. El jefe de la empresa decidió respetar el comercio justo después de un viaje de un año en América Latina.	Cierto	Falso	No se menciona
2. Viajó en Colombia, Guatemala, Costa Rica y Argentina.	Cierto	Falso	No se menciona
3. Él ya sabía que los campesinos en América Latina vivían en pobreza antes de hacer el viaje.	Cierto	Falso	No se menciona
4. Su empresa trabaja sobre todo con Colombia, Costa Rica y Guatemala.	Cierto	Falso	No se menciona
5. El país con el qué más tiempo lleva trabajando es Guatemala.	Cierto	Falso	No se menciona
6. El número máximo de intermediarios que tienen es 4.	Cierto	Falso	No se menciona
7. En ciertos casos compran directamente del productor.	Cierto	Falso	No se menciona
8. Los consumidores están al tanto de que ellos respetan el comercio justo.	Cierto	Falso	No se menciona

Ventana al mundo

Producción agrícola y ambiente ecológico: Un ejemplo en Costa Rica (Textbook p. 283)

10-10 Tus conocimientos del comercio justo y de la ecología. Hoy en día, mucha gente se está dando cuenta del impacto que los seres humanos le han causado al planeta. Antes de ver el video, elige la opción correcta para completar las siguientes frases.

1. El consumo responsable tiene en cuenta el _____ ambiental desde el punto de vista de hacer, transportar y consumir el producto.

   a. aire   **b.** horario   **c.** impacto

2. Otro factor que siempre hay que considerar es la _____ que deja el producto.

   a. basura   **b.** ola   **c.** selva

3. Es importante que cada persona determine la huella _____ que produce su estilo de vida y su consumo.

   a. amplia   **b.** ecológica   **c.** desorganizada

4. Es fundamental también favorecer las empresas, los productos y los servicios que respetan el medio _____ y los derechos humanos.

   a. satisfecho   **b.** preciso   **c.** ambiente

📽 **10-11 ¿Qué te dice el video?** Al mirar el video, escribe las respuestas a las siguientes preguntas en los espacios.

1. En este video, se entrevista al abogado Rolando Castro, quien habla de CEDARENA, el Centro de Derecho Ambiental y de _____ _____ de Costa Rica.

2. Según el abogado Castro, CEDARENA existe desde más de _____ años.

3. Por los esfuerzos de conservación de CEDARENA hasta ahora, Costa Rica sigue siendo un destino importante de los turistas que prefieren el tipo de turismo que se llama _____.

4. Un fenómeno que tiene la posibilidad de poner en peligro la naturaleza de Costa Rica en el futuro es el _____ incontrolado de infraestructuras turísticas tales como las marinas y los hoteles.

5. Según Rolando Castro, el problema del daño ambiental es que es de tipo _____, permanente; por eso es importante causar un daño menor.

📽 **10-12 ¿Qué opinas tú?** Contesta cada una de las siguientes preguntas en un párrafo de cinco a seis oraciones.

1. ¿Cómo se caracteriza la perspectiva de Rolando Castro en cuanto al comercio responsable y la protección de la ecología en Costa Rica? Defiende tu opinión.

2. ¿Qué organizaciones hay en tu país o en tu comunidad que ponen el foco en el consumo responsable de los recursos naturales? Explica de una manera específica lo que hacen.

3. ¿Qué cosas has hecho personalmente, o han hecho tus familiares, para apoyar el movimiento de consumo responsable? Para ti, ¿cuál es la más importante de estas cosas, y por qué?

_____

_____

_____

¡Sin duda! (Textbook p. 284)

10-13 Un día de mala suerte. Andrés tuvo un mal día hoy. Aquí tienes parte de la conversación entre él y su jefe. Completa las preguntas del jefe con las palabras y expresiones que significan *to be late*. Haz los cambios necesarios.

llegar tarde	ser tarde	tardar	estar atrasado

JEFE: ¿Por qué (1) _____ al trabajo otra vez? Es ya el décimo día este mes.

ANDRÉS: Es que ahora no tengo auto y tengo que venir en autobús.

JEFE: ¿Pero cuánto (2) _____ el autobús desde tu casa a la oficina?

ANDRÉS: Por lo menos una hora y si el tráfico está mal...

JEFE: Bueno, Andrés, ¿y no tienes un teléfono celular? Si te das cuenta de que (3) _____, puedes llamar desde el autobús y avisar.

ANDRÉS: Es que tampoco tengo teléfono celular.

JEFE: Pues ya sabes, la única solución es levantarse más temprano, ¿no te parece? Tus retrasos afectan a todos. Por ejemplo, hoy íbamos a tener una reunión a las ocho y tuvimos que posponerla. Ahora ya (4) _____ para la reunión.

ANDRÉS: Entiendo el problema. Trataré de que no vuelva a suceder.

JEFE: Espero que así sea.

Así se dice (Textbook p. 285)

10-14 Un contrato importante. Sofía está a punto de firmar un contrato con un productor de plátanos en la República Dominicana. Escribe las expresiones apropiadas de la lista para completar la conversación telefónica entre los dos.

me parece una buena solución	me gustaría que nos aclarara	estamos a favor
sin embargo	en líneas generales	

SOFÍA: Buenos días. Soy Sofía González y lo estoy llamando desde España en cuanto al contrato que comentamos por correo electrónico. Le llamo porque (1) _____ algunos puntos un poco confusos para nosotros todavía.

PRODUCTOR: Por supuesto. ¿En qué puedo ayudarle?

SOFÍA: ¿Sería posible decirnos exactamente de qué cantidad de plátanos estamos hablando mensualmente y cuánto tiempo tardarían en llegar?

PRODUCTOR: La cantidad exacta de producción dependería de la demanda. Como somos una pequeña empresa, no solemos producir más de lo que podemos vender. Podríamos por lo tanto empezar con cierta cantidad y poco a poco ir aumentando.(2) _____, en cuanto al tiempo que tardarían en llegar, le puedo asegurar que no sería más de 3 días.

SOFÍA: (3) _____ y el tiempo de transporte nos conviene también. (4) _____ no veo ninguna razón para no seguir adelante con el contrato. Como usted sabe, en nuestra empresa (5) _____ del comercio justo. Le enviaré el contrato firmado por correo en los próximos días.

PRODUCTOR: Muchísimas gracias. Por favor, no dude en volver a contactar conmigo si tuviera otra duda o si necesitara más aclaraciones.

SOFÍA: Muchas gracias. Adiós.

■ Sigamos con las estructuras

REPASEMOS 1

Expressing outstanding qualities: Superlative (Textbook p. 288)

10-15 Opiniones. Andrés y sus amigos están hablando de la economía y la globalización. Andrés es bastante exagerado y usa muchos superlativos. Escríbelos según el modelo y haz los cambios necesarios.

MODELOS: globalización / ser / fenómeno / característico / este siglo
La globalización es el fenómeno más característico de este siglo.

1. desempleo / ser / problema / serio / nuestro país

_____

2. número de desempleados / ser / alto / los últimos años

_____

3. nuestro país / tener / sistema de comunicaciones / atrasado / la región

_____

4. este presupuesto / ser / bajo / las últimas décadas

_____

5. nuestros trabajadores / recibir / salarios / injusto / la región

_____

10-16 El más justo. Ana quiere hacer negocio con una compañía latinoamericana de comercio justo pero no tiene mucha experiencia en esa parte del mundo. Su amigo Juan le da algunas ideas. Escucha las siguientes palabras y reacciona según el modelo.

MODELO: Los productores
barato
Estos son los más baratos.

1. bueno

_____

2. malo

_____

3. rápido

_____

4. alto

_____

5. interesante

_____

REPASEMOS 2

Expressing outstanding qualities: Absolute superlative (Textbook p. 289)

10-17 Continúa la conversación. Andrés y sus amigos siguen hablando; Celia está dando su opinión y Andrés está de acuerdo con ella. Usa los superlativos absolutos para escribir las reacciones de Andrés, según el modelo.

MODELO: CELIA: Los trabajadores ganan muy poco.

ANDRÉS: Sí, _ganan poquísimo._

CELIA: Algunas personas son muy ricas.

ANDRÉS: **1.** Sí, _____.

CELIA: Los ricos y los políticos son muy amigos.

ANDRÉS: **2.** Sí, _____.

CELIA: La situación económica es muy difícil.

ANDRÉS: **3.** Sí, _____.

CELIA: La deuda externa es muy grande.

ANDRÉS: **4.** Sí, _____.

CELIA: El salario mínimo es muy bajo.

ANDRÉS: **5.** Sí, _____.

10-18 ¿Qué te parece? Usa los superlativos absolutos para contestar las preguntas que escucharás a continuación.

MODELO: ¿Qué te parece buscar información por Internet?
fácil
Me parece facilísimo.

1. interesante

_____

2. difícil

_____

3. importante

_____

4. bueno

_____

5. malo

_____

6. triste

_____

7. urgente

_____

8. grave

_____.

APRENDAMOS 1

Discussing past actions affecting the present: Present perfect tense
(Textbook pp. 290–291)

10-19 Reflexiones. Rafael y sus amigos han decidido abrir una tienda que vende productos de comercio justo. Ha sido el encargado de varias cosas y ahora informa a sus amigos. Usa el pretérito perfecto del verbo entre paréntesis para decir lo que Rafael ha hecho ya o no ha hecho todavía.

MODELO: *Ya he hecho* (hacer) muchas cosas, aunque todavía quedan muchas por hacer.

1. Ya _____ (firmar) el contrato en la agencia inmobiliaria. Supuestamente, el local estará disponible dentro de un mes y medio.

2. Ya _____ (contactar) con varios productores en Asia y todos están dispuestos a trabajar con nosotros.

3. Todavía no _____ (tener) tiempo de firmar con nadie, desafortunadamente.

4. Ya _____ (comprar) los muebles de la tienda también. ¡Espero que les gusten!

5. Todavía no _____ (confirmar) el logo de la tienda a la empresa que hará las etiquetas y se encargará de la presentación del escaparate *(display window)*.

10-20 Obsesionada con las compras. Manuela trabaja como vendedora en una pequeña tienda latinoamericana de la ciudad. Éstas son las cosas que hará la semana que viene. Usa el pretérito perfecto para reescribir lo que Manuela todavía no ha hecho. Sigue el modelo.

MODELO: La próxima semana Manuela le escribirá un mensaje electrónico a su hermana.
   Esta semana *Manuela todavía no le ha escrito* un mensaje electrónico a su hermana.

1. La próxima semana Manuela irá de compras con su hermana.

   Esta semana _____ de compras con su hermana.

2. La próxima semana Manuela comprará café que proviene de comercio justo.

   Esta semana _____ café que proviene de comercio justo.

3. La próxima semana Manuela buscará cacao de la República Dominicana para sus sobrinos.

   Esta semana _____ cacao de la República Dominicana para sus sobrinos.

4. La próxima semana Manuela hará la lista de las compras antes de ir al supermercado.

   Esta semana _____ la lista de las compras antes de ir al supermercado.

10-21 ¿Qué han hecho? Escucha las siguientes preguntas y contéstalas de acuerdo al modelo.

MODELO: ¿Fuiste a México en estas vacaciones?
   Sí, (yo) *he ido a México en estas vacaciones.* o
   No, (yo) *no he ido a México en estas vacaciones.*

1. Sí, (él) _____.
2. No, (nosotros) _____.
3. Sí, (yo) _____.
4. No, (yo) _____.
5. No, (ella) _____.
6. No, (ellos) _____.
7. Sí, (yo) _____.

10-22 ¿Y tú? Escucha las siguientes preguntas y contéstalas oralmente de acuerdo a tu experiencia personal, según el modelo.

MODELO: ¿Has comprado comida de comercio justo?
   Sí, he comprado comida de comercio justo. Intento hacerlo todas las semanas.
   o
   No, no he comprado comida de comercio justo.

1. ...
2. ...
3. ...
4. ...
5. ...

10-23 Yo también. Escucha las siguientes afirmaciones y escribe una respuesta según tu propia experiencia, como en el modelo.

MODELO: Ya viajé a América Latina.
            Yo también he viajado a América Latina hace dos años. o *Todavía no he viajado a América Latina.*

1. _____

2. _____

3. _____

4. _____

5. _____

APRENDAMOS 2

Talking about actions completed before other past actions: Pluperfect tense (Textbook p. 293)

10-24 El viaje de Anabel. Anabel acaba de volver de un viaje de seis meses en Colombia, donde descubrió la importancia y la necesidad del comercio justo. Completa las oraciones con el verbo en la forma correcta del pluscuamperfecto.

1. Cuando llegué a Colombia, (yo) ya _____ (oír) hablar de la pobreza de los campesinos que cultivan café.

2. Cuando conocí a la familia de Juan, ya _____ (hablar) con ellos por teléfono.

3. Cuando su hermano me llevó a los cultivos de café, todavía no _____ (ver) nada similar.

4. Cuando vi a los campesinos trabajar, ya _____ (comprender) lo dura que era su vida. Juan y yo _____ (conversar) mucho sobre esto el día anterior.

5. Cuando volví a los Estados Unidos, ya _____ (entender) que a partir de ahora, siempre iba a comprar productos de comercio justo.

10-25 Una cafetería de gran renombre. Starbucks es una de las cafeterías americanas que vende café de comercio justo. Usa el pluscuamperfecto para completar las siguientes frases sobre esta empresa.

1. Cuando Starbucks abrió su primera sucursal fuera de los Estados Unidos en Japón en 1996, ya _____ (vender) café desde 1971.

2. En 2003, cuando ya era internacionalmente famoso, Starbucks _____ (llegar) al número de 6.400 sucursales en el mundo.

3. Cuando empezaron a comprar café de productores de Nicaragua y Guatemala, ya _____ (distribuir) esta bebida durante muchos años.

4. Finalmente, cuando se convirtieron en los compradores más importantes de café de comercio justo en los Estados Unidos, Starbucks ya _____ (comprar) este café durante varios años.

🔊 **10-26** **Ya lo había hecho.** Escucha lo que habían hecho estas personas antes de hacer un viaje a Nicaragua. Luego, cambia las oraciones de acuerdo al modelo.

MODELO: Escribí las cartas.
Antes de hacer el viaje ya *había escrito las cartas.*

Antes de hacer el viaje ya...

1. _____
2. _____
3. _____
4. _____
5. _____
6. _____

🔊 **10-27** **¿Antes o después?** Escucha las siguientes afirmaciones y decide, de acuerdo a las fechas de los inventos que aparecen a continuación, si son ciertas o falsas.

1901: Marconi realiza la primera transmisión radial.

1903: Los hermanos Wright vuelan por primera vez.

1911: Seis hombres llegan al Polo Sur.

1931: Shoenberg produce un sistema de transmisión de imágenes, la televisión.

1953: Watson y Crick descubren la estructura del ADN.

1954: Se sabe que el hombre tiene su información genética en 46 cromosomas.

1961: Prueban que el cáncer se debe a mutaciones del ADN.

1969: El hombre camina por la luna.

1974: Inventan la tarjeta con memoria.

1979: Nace el primer sistema de telefonía celular.

1987: Se descubre un agujero en la capa de ozono.

1. Cierto   Falso
2. Cierto   Falso
3. Cierto   Falso
4. Cierto   Falso
5. Cierto   Falso
6. Cierto   Falso

APRENDAMOS 3

Expressing a sequence of events in the present and future: Sequence of tenses in the subjunctive (Textbook p. 296)

10-28 Gasto de agua. David está pasando un trimestre en Cuba y al llegar, la dueña de su casa le explica lo que tiene que hacer para evitar gastar agua. Completa las siguientes frases con la forma del verbo más adecuada.

1. Cierra siempre los grifos después de utilizarlos para que no _____ agua. En este país, el agua es bastante escasa.

   a. se pierda   **b.** me pierda   **c.** se pierde

2. Cuando puedas, llena unos cubos de agua para que _____ una reserva cuando no la haya.

   a. tienes   **b.** tengas   **c.** tenga

3. No bebas del agua del grifo para que no _____. Esta agua no es potable.

   a. te enfermes   **b.** enfermes   **c.** te enfermas

4. Intenta buscar a alguien en caso de que corten el agua en tu barrio durante unos días, para que te _____ duchar a pesar de todo.

   a. puedes   **b.** pueda   **c.** puedas

5. Ten cuidado cuando _____. No te quedes mucho tiempo debajo de la ducha para no gastar agua.

   a. te duchas   **b.** duches   **c.** te duches

10-29 Un viaje a América Latina. A Javier le encantaría hacer un viaje por América Latina, pero todavía no ha podido hacerlo por varias razones. Escucha las siguientes frases y completa la frase abajo según el modelo.

MODELO: Terminaré mis estudios.
          Haré un viaje a América Latina cuando *termine mis estudios.*

Haré un viaje a América Latina cuando…

1. _____.
2. _____.
3. _____.
4. _____.
5. _____.

10-30 ¿Y tú? Y tú, ¿qué esperas para hacer un gran viaje? Completa las siguientes frases según tus opiniones.

Haré un gran viaje cuando…

1. _____.
2. _____.
3. _____.
4. _____.
5. _____.

■ Conversemos sobre las lecturas

10-31 Opiniones muy diferentes. Pilar, Teresa y Pedro tienen opiniones muy diferentes sobre el comercio justo. Lee lo que piensan los tres y luego decide si las siguientes afirmaciones son ciertas o falsas o si la información no se menciona.

PILAR RAMÍREZ:

A mí me parece que el comercio justo es una pérdida de tiempo. Primero, nosotros acabamos pagando más por un producto de la misma calidad. Luego, no tenemos ninguna seguridad de que ese aumento de precio va directamente a los pequeños productores en los países en vías de desarrollo. ¿Quién me puede asegurar a mí que justamente el vendedor aquí no saca por su lado su parte de ventaja de la etiqueta "comercio justo"? Yo prefiero pagar menos y mantener la calidad de los productos que siempre he usado hasta ahora.

PEDRO DEL BOSQUE:

A mí me encanta la idea de comercio justo. La verdad es que soy una persona que se preocupa mucho por la pobreza y las injusticias en el mundo. He trabajado en varias ONG y siempre me ha parecido que uno debe hacer lo que está en su poder para ayudar a los más pobres, en este caso, por ejemplo, los campesinos que cultivan el café o el cacao, o los costureros y tejedores que hacen nuestra ropa, nuestros manteles, etc. Yo apoyo completamente la idea y siempre que puedo compro productos de comercio justo. Me alegra ver que hay cada vez más empresas, y algunas de ellas muy conocidas, que se comprometen con el comercio justo.

JULIETA FERNÁNDEZ:

La verdad es que a mí ni me viene ni me va. Odio hacer las compras y no podría ni pensar en pasar más tiempo en los supermercados o en las tiendas de lo que ya paso. Por tanto, no me fijo en las etiquetas de comercio justo. En sí me parece una buena idea, pero no logro cambiar mis costumbres para darle suficiente importancia. Afortunadamente, sé que todo el mundo no es como yo, aunque sé también que es muy fácil pensar de esta manera.

---

1. Pilar no tiene una opinión muy positiva sobre el comercio justo. Cierto Falso No se menciona

2. Pilar duda de que sean realmente los pequeños productores los que se aprovechan de la etiqueta de "comercio justo". Cierto Falso No se menciona

3. Pedro ha viajado a muchos países en vías de desarrollo. Cierto Falso No se menciona

4. Pedro ha trabajado durante 3 años en una ONG. Cierto Falso No se menciona

5. Pedro compra siempre que sea posible en tiendas de comercio justo. Cierto Falso No se menciona

6. A Julieta le encanta ir de compras. Cierto Falso No se menciona

7. Julieta siempre se queda mucho tiempo en los supermercados. Cierto Falso No se menciona

8. Julieta no es capaz de cambiar sus costumbres de compras. Cierto Falso No se menciona

■ Avancemos con la escritura

10-32 Tu opinión. Escribe un párrafo explicando tu propia opinión sobre el comercio justo. Da ejemplos para apoyar tus ideas.

_____

_____

_____

_____

_____

_____

_____

_____

_____

_____

_____

_____

_____

_____

_____

10-33 Dictado: Mujeres del Siglo XXI. Transcribe el fragmento del artículo que escucharás a continuación.

_____

_____

_____

_____

_____

_____

_____

_____

_____

_____

_____

_____

_____

_____

11 Hablemos del ocio y del tiempo libre

■ En marcha con las palabras

En contexto: En el teatro (Textbook pp. 309–310)

11-01 ¿Cuál es la palabra? En la revista *Escenario* hay un test para ver si eres de verdad un/a aficionado/a a los espectáculos y medios de difusión. Escribe la palabra que corresponda a cada definición.

primera plana	autógrafo	noticiero	estreno
televidente	butacas	gira	temporada

1. Período del año en que hay función en todos los teatros: _____

2. Programa de noticias: _____

3. Persona que ve la televisión: _____

4. Firma de un artista famoso: _____

5. Asientos de un teatro: _____

6. La parte del periódico donde se presentan las noticias más importantes o relevantes: _____ _____

7. Primera función de una obra de teatro o de una película: _____

8. Serie de viajes que hace un grupo de teatro o cantante en un período corto: _____

11-02 ¡Felicitaciones, un fracaso de taquilla! Escucha las siguientes oraciones y decide si son lógicas o ilógicas.

1. lógico   ilógico
2. lógico   ilógico
3. lógico   ilógico
4. lógico   ilógico
5. lógico   ilógico
6. lógico   ilógico
7. lógico   ilógico
8. lógico   ilógico

🔊 **11-03 Definiciones.** Escucha las siguientes palabras sobre el mundo del espectáculo y selecciona la definición apropiada para cada una.

1. _____   a. presentar por primera vez una obra
2. _____   b. divertir a la gente
3. _____   c. dar algo a alguien
4. _____   d. practicar antes de una actuación
5. _____   e. mostrar la aprobación en un espectáculo
6. _____   f. orientar a los actores en una obra

11-04 Una reseña. Marina escribe reseñas para la sección de espectáculos del periódico de la Universidad Complutense. Usa el verbo que corresponda en el tiempo apropiado para completar la reseña a continuación.

encender	dirigir	ensayar	entregar	valer

Ayer fui al estreno de *El Caballero de Olmedo* en el teatro María Guerrero. Luis Blat

(1) _____ la obra y en ella actúan José Sacristán y Ana Belén. Es obvio que los actores

(2) _____ mucho en los meses previos, especialmente la actriz que hacía de Fabia; estuvo

fabulosa. Seguramente muchas personas fueron a su camerino a pedirle un autógrafo y le

(3) _____ flores después de la función. Cuando apagaron las luces del teatro

y (4) _____ las luces del escenario, me quedé maravillada del decorado tan original. Creo

que (5) _____ la pena ir a ver este clásico del teatro español.

11-05 ¿Y qué es…? Tu sobrino de seis años te hace preguntas sobre el mundo del espectáculo. El niño quiere saber qué significan algunas de las palabras que has mencionado. Responde oralmente con una definición para cada palabra.

MODELO: ¿Y qué es la comedia?
           Es el tipo de espectáculo que te hace reír.

1. ¿Y qué es el público?
2. ¿Y qué es el guión?
3. ¿Y qué es "en vivo"?
4. ¿Y qué es "ameno"?
5. ¿Y qué es el escenario?

11-06 El mundo del espectáculo. Escucha las siguientes palabras y selecciona la categoría apropiada para cada una.

1. cine	música	televisión	noticias escritas
2. cine	música	televisión	noticias escritas
3. cine	música	televisión	noticias escritas
4. cine	música	televisión	noticias escritas
5. cine	música	televisión	noticias escritas
6. cine	música	televisión	noticias escritas
7. cine	música	televisión	noticias escritas
8. cine	música	televisión	noticias escritas
9. cine	música	televisión	noticias escritas
10. cine	música	televisión	noticias escritas
11. cine	música	televisión	noticias escritas
12. cine	música	televisión	noticias escritas

11-07 Entrevista. Manuel es periodista y ha entrevistado a muchas personas del mundo del espectáculo. Escucha sus preguntas y escoge la respuesta lógica.

1. a. En el año 1998.

   b. En el Teatro Avenida.

   c. En el verano.

2. a. El de la mujer en *Mujeres al borde de un ataque de nervios*.

   b. No sé, creo que en España o en los Estados Unidos.

   c. ¡Oh! Sí, filmar con él es fantástico.

3. a. A veces es un éxito de taquilla.

   b. En teatro y en cine.

   c. En España.

4. a. Penélope Cruz es una excelente actriz.

   b. Con Penélope Cruz y Marisa Paredes.

   c. Dirijo bien a Marisa Paredes.

5. a. Con algún director americano.

   b. Fernando Trueba filma en los Estados Unidos.

   c. Antonio Banderas está de moda.

6. a. La obra de teatro que presentamos en el Teatro Avenida.

   b. ¡Ámame! Se oye en todas las emisoras.

   c. Ninguna.

11-08 Cartelera. Escucha las siguientes preguntas y luego contéstalas de acuerdo al contenido de la cartelera a continuación.

PELÍCULAS

Amor vertical
Tipo de película: Drama
Director: Arturo Soto
Argumento: Jorge Perugorría (*Fresa y chocolate; Guantanamera*) interpreta a un seductor y Silvia Águila es la muchacha que conquista su corazón. Una película entretenida y con una excelente actuación de los protagonistas.
¡No se la pierda!

Cines, horarios y precios
Cine bar Lumiere
Dirección: Carrera 14 No. 85-59
Teléfono: Reservas 6-36-04-85
Precio: Lunes a viernes $ 5.000
Fin de semana $ 7.000
Horario: Lunes a domingo 3:30, 6:30 y 8:30 p.m.

Radio City
Dirección: Carrera 13 No. 41-36
Precio: Lunes y miércoles: $ 4.000
Martes y jueves: $ 3.000
Viernes, sábado, domingo y festivos: $ 4.500
Horario: Lunes a sábado 3:30, 6:30 y 9:15 p.m.

1. _____
2. _____
3. _____
4. _____
5. _____
6. _____
7. _____
8. _____
9. _____
10. _____

🔊 **11-09 ¿Qué hacemos?** Cuatro personas intentan planear una salida para el fin de semana. Primero, escucha las conversaciones. Luego decide si las siguientes afirmaciones son ciertas o falsas, o si la información no se menciona.

Conversación 1

1. Sofía llama por teléfono a Susana.	Cierto	Falso	No se menciona
2. Camilo es el hermano de Susana.	Cierto	Falso	No se menciona
3. Sofía quiere invitar a Susana y su novio al cine.	Cierto	Falso	No se menciona
4. La última película de Trueba no tiene buena crítica.	Cierto	Falso	No se menciona
5. Penélope Cruz actúa en la película.	Cierto	Falso	No se menciona
6. Susana quiere hablar con Fernando antes de decidir.	Cierto	Falso	No se menciona

Conversación 2

7. Fernando está mirando un partido de fútbol.	Cierto	Falso	No se menciona
8. Fernando no puede ir al cine hoy.	Cierto	Falso	No se menciona
9. A Fernando le parecen muy buenas las películas de Almodóvar.	Cierto	Falso	No se menciona
10. Camilo actúa en la película.	Cierto	Falso	No se menciona
11. Van a ver una película de Banderas.	Cierto	Falso	No se menciona
12. Todos van a ir a ver la película de Trueba.	Cierto	Falso	No se menciona

¡Sin duda! (Textbook p. 312)

11-10 Semana cultural. Emilio trabaja para el programa de radio "Semana cultural". Ayer entrevistó a una directora de cine. Completa este fragmento de la entrevista con las palabras a continuación.

actual	actualidad	actualmente	de hecho

EMILIO: ¿Qué estás haciendo (1) _____?

DIRECTORA: Estoy acabando una película que se llama *Retiro*.

EMILIO: ¿Y cuándo va a ser el estreno?

DIRECTORA: A finales del mes que viene, espero; (2) _____ estamos ya en los últimos detalles.

EMILIO: ¿Qué piensas de la situación (3) _____ del cine en nuestro país?

DIRECTORA: Creo que en la (4) _____ estamos atravesando un momento de gran creatividad. Hay muchos directores, actores y actrices nuevos que tienen muchas ganas de trabajar y de hacer bien su trabajo. Esto es algo muy positivo para la industria cinematográfica.

Así se dice (Textbook pp. 314–315)

11-11 Comentarios de amigos. A Rosa y a Javier les gusta mucho ver videos e ir al cine, y siempre piensan lo mismo sobre las películas que ven. A continuación tienes parte de sus diálogos después de haber visto varias películas. Complétalos con las expresiones apropiadas (o la forma correcta del verbo) de la lista.

de taquilla	conmovedor	impecable	estrenar	la realidad	lenta

MODELO: Esta película es buenísima.
           Sí, es una *obra maestra*.

Película 1

ROSA: Esta película es una obra maestra.

JAVIER: Lleva tres meses en los cines, ¿no?

ROSA: Sí, hace tres meses que la (1) _____.

JAVIER: Además la ha ido a ver muchísima gente.

ROSA: Sí, bate récords (2) _____.

Película 2

ROSA: Me encanta cómo actúan los actores.

JAVIER: Sí, la actuación es (3) _____.

ROSA: Y la historia podría ocurrirle a cualquiera.

JAVIER: Sí, la película refleja muy bien (4) _____.

ROSA: Lo que más me gusta es cómo termina. No pude evitar echarme a llorar.

JAVIER: Yo también me puse a llorar. Esta película sí que tiene un final (5) _____.

Película 3

ROSA: ¡Qué lata de película!

JAVIER: Sí, es horrible.

ROSA: Además le falta algo de acción.

JAVIER: Sí. Es un poco (6) _____. Me quedé dormido en la butaca en algún momento.

ROSA: La cosa es que los críticos no han dicho nada malo de ella.

JAVIER: Sí, ha recibido muchos premios. ¡Es increíble!

11-12 Encuesta. Completa la siguiente encuesta sobre la música.

En tu opinión, cuál es...

1. una canción cuya letra no se entiende bien: _____

2. una canción de amor: _____

3. un clásico del *rock* que a ti te gusta mucho: _____

4. una canción con una música muy pegadiza: _____

5. el *hit* del momento: _____

6. una canción con mucho ritmo: _____

7. una canción con un mensaje político: _____

■ Sigamos con las estructuras

REPASEMOS 1

Indicating who performs the actions: Passive voice with *ser* (Textbook p. 316)

11-13 La privatización de la tele. Julio les está explicando a sus amigos cómo ha cambiado la televisión en su país. Usa la voz pasiva para escribir los comentarios de Julio. Presta atención a los tiempos verbales.

MODELO: Todos los ciudadanos veían los noticieros del canal 3.
Los noticieros del canal 3 eran vistos por todos los ciudadanos.

1. En 2003 el gobierno subvencionaba el canal 3.

   _____

2. Alberto González dirigía los noticieros de televisión.

   _____

3. En 2010 una empresa italiana compró este canal.

   _____

4. En la actualidad la empresa privada paga todos los programas.

   _____

5. El nuevo director canceló el noticiero de las siete.

   _____

6. Los televidentes no aprobarán estos cambios.

   _____

11-14 ¿Por quién fue dirigida? Escucha las siguientes preguntas y contéstalas oralmente de acuerdo a la información del anuncio de la película. Sigue el modelo.

FRESA Y CHOCOLATE		
Dirección	Tomás Gutiérrez Alea	
	Juan C. Tabío	
Guión	Senel Paz	
Fotografía	Mario García Joya	
Producción	Miguel Mendoza	
Montaje	Miriam Talavera	
Música	José María Vitier	
Distribución	Miramax	
Actuación	Diego	Jorge Perugorria
	David	Vladimir Cruz
	Nancy	Mirta Ibarra

MODELO: ¿Por quién fue dirigida la película?
          La película fue dirigida por Tomás Gutiérrez Alea y Juan C. Tabío.

1. ...

2. ...

3. ...

4. ...

5. ...

REPASEMOS 2

Substitute for the passive voice: The passive *se* (Textbook p. 318)

11-15 ¿Qué va a ser de nosotros? Juan está preocupado por la influencia negativa de la televisión en la vida diaria. Expresa sus ideas usando la voz pasiva con **se**.

MODELO: Vemos mucha televisión y de mala calidad.
          Se ve mucha televisión y de mala calidad.

1. Consumimos programas con mucha violencia.

   _____

2. Compramos solamente los productos que anuncian en la tele.

   _____

3. No leemos tanto como antes.

   _____

4. No pasamos tanto tiempo jugando con los niños.

   _____

5. Usamos la televisión para distraer a los niños.

   _____

6. No hacemos deporte porque no queremos apagar la tele.

   _____

11-16 Se venden muchos discos. Escucha las siguientes oraciones y luego cámbialas de acuerdo al modelo.

MODELO: Pagamos a una productora local.
          Se paga a una productora local.

1. _____

2. _____

3. _____

4. _____

5. _____

6. _____

7. _____

8. _____

APRENDAMOS 1

Expressing what you hope or desire has happened: Present perfect subjunctive (Textbook pp. 320–321)

11-17 Chismes (*Gossip*). Un grupo de personas está hablando sobre un amigo músico que dio un concierto la semana pasada. Usa el pretérito perfecto (*present perfect*) del subjuntivo para escribir las reacciones de los amigos. Haz los cambios necesarios.

MODELO: yo / no creer / Juan / tener mucho éxito
   Yo no creo que Juan haya tenido mucho éxito.

1. yo / alegrarse / Juan / dar un concierto de rock

_____

2. Elena y yo / dudar / los organizadores del concierto / pagarle mucho

_____

3. yo / no creer / ir / mucha gente al concierto

_____

4. Marcos, ¿no / sorprenderse / Juan / no decirnos nada?

_____

5. a mí / molestar / Juan / no invitarnos al concierto

_____

6. ser posible / Juan / estar muy ocupado con los ensayos

_____

7. ¡Ojalá / Juan / no olvidarse de nosotros!

_____

11-18 Un grupo musical. Lola y Paco tocan en un grupo musical. Usa el presente del subjuntivo o el pretérito perfecto del subjuntivo para completar el diálogo entre los dos amigos.

LOLA: Quiero que tú me (1) _____ (dejar) el último disco de Ketama.

PACO: Me sorprende que tú no lo (2) _____ (escuchar) todavía. Lo pasan mucho por radio.

LOLA: Es que yo no pongo nunca la radio y además, he estado muy ocupada.

PACO: Bueno, me alegro de que tú ya (3) _____ (terminar) con los exámenes finales. Quizás ahora (4) _____ (tener) más tiempo para ensayar con el grupo. Te necesitamos, Lola. Hemos estado tocando en los bares del centro y es probable que ellos nos (5) _____ (contratar) para tocar el próximo verano todos los fines de semana.

LOLA: Eso está muy bien, Paco.

PACO: Espero que tú no (6) _____ (hacer) todavía otros planes para el verano, porque vamos a tener mucho trabajo.

🔊 **11-19 Decisiones.** Tú eres la persona encargada de la producción de una nueva película. Escucha las preguntas que te hacen y complétalas de acuerdo al modelo.

MODELO:　¿Vendrás cuando yo haya terminado?
　　　　　No, vendré cuando ella *haya terminado*.

1. No, filmarán cuando yo _____.

2. No, ensayaremos cuando tú _____.

3. No, producirá la película cuando usted _____.

4. No, aplaudirá cuando nosotras _____.

5. No, escribiré el guión cuando ustedes _____.

🔊 **11-20 ¿Cuándo?** Tú eres el/la director/a de una película, pero siguen las dudas sobre tu película. Escucha las preguntas que te hacen y contéstalas de acuerdo al modelo.

MODELO:　¿Cuándo contratarán a los actores?
　　　　　En cuanto / seleccionar
　　　　　En cuanto los hayamos seleccionado.

1. Tan pronto como / encontrar

_____

2. En cuanto / ensayar

_____

3. Cuando / pintar

_____

4. Después de que / ver

_____

5. Cuando / conseguir

_____

6. En cuanto / terminar

_____

APRENDAMOS 2

Expressing what you hoped or desired would have happened: Pluperfect subjunctive (Textbook pp. 324–325)

11-21 Dos hermanos muy diferentes. Gabriel y Francisco eran actores, pero abandonaron la profesión por diferentes razones. Gabriel era optimista y Francisco era muy pesimista. Usa el pluscuamperfecto del subjuntivo para completar las opiniones de Francisco.

MODELO: GABRIEL: Creía que se le había terminado su inspiración artística.

FRANCISCO: No creía que *se le hubiera terminado su inspiración artística*.

GABRIEL: Creía que la crítica había elogiado su actuación en su última película.

FRANCISCO: No creía que (1) _____.

GABRIEL: Era verdad que había actuado ya en algunas obras de teatro de éxito.

FRANCISCO: No era cierto que (2) _____.

GABRIEL: Estaba seguro de que había hecho una buena actuación en su última película.

FRANCISCO: Dudaba que (3) _____.

GABRIEL: Conocía a alguien que había visto todas sus películas.

FRANCISCO: No conocía a nadie que (4) _____.

GABRIEL: Pensaba que su madre había sido la causa de su dedicación al cine y al teatro.

FRANCISCO: Lamentaba que (5) _____.

11-22 El comienzo. Pedro es un director de cine bastante bueno. Aquí hay algunos datos sobre los primeros años de su carrera cinematográfica. Completa los espacios en blanco con el tiempo correspondiente de los verbos. Sigue el modelo.

MODELO: Pedro *quería* (querer) filmar una película sobre un tema que nadie *hubiera tratado* (tratar) antes.

En 1990, sus amigos no (1) _____ (creer) que él (2) _____ (dirigir) ya algunos documentales.

Al ver su primera película a todos les (3) _____ (sorprender) que Pedro

(4) _____ (hacer) algo tan original.

En esa película no (5) _____ (haber) ningún actor que (6) _____

(actuar) antes.

Pedro (7) _____ (alegrarse) de que a todos les (8) _____ (gustar) su película.

Sin embargo, sus padres no (9) _____ (estar) contentos de que su hijo

(10) _____ (dejar) sus estudios universitarios por el cine.

11-23 Los escarabajos. Tu hermano y otros tres amigos formaron un grupo musical en 2001, pero al final se separaron. A continuación hay algunas reacciones de las familias por su separación. Usa el imperfecto del subjuntivo o el pluscuamperfecto del subjuntivo del verbo para completar las reacciones de la familia.

Mi madre esperaba que mi hermano (1) _____ (hacerse) famoso algún día, pero lamentaba que no (2) _____ (decidirse) todavía a componer canciones con una música más pegajosa.

La hermana de Juan quería ir a verlos cuando (3) _____ (grabar) su primer disco y Juan la iba a invitar a la grabación con tal de que no (4) _____ (ponerse) a discutir con todo el mundo.

Jorge había estudiado música en el conservatorio y su padre sentía mucho que su hijo no (5) _____ (dedicarse) a los negocios; por eso, a finales de 2001, se alegró de que "Los escarabajos" todavía no (6) _____ (grabar) ningún disco.

La hermana de Pablo prefería que "Los escarabajos" (7) _____ (componer) temas de rock más clásicos en el futuro. No conocía a nadie que (8) _____ (triunfar) antes con el tipo de canciones que ellos tocaban.

Cuando mi abuela veía a mi hermano, le gritaba como si (9) _____ (estar) loca. Le horrorizaban su pelo de colores y su ropa negra. Mi abuelo, sin embargo, reaccionaba como si lo (10) _____ (ver) así toda la vida y de vez en cuando bromeaba con él diciéndole que un día quería conocer a su peluquero.

11-24 ¡Qué lástima! Tú filmaste una película y no te fue tan bien como a los demás. Escucha lo que hicieron otros y completa tu reacción.

MODELO: Mis amigos escribieron el guión.
Ojalá yo *hubiera escrito el guión.*

1. Ojalá yo _____.
2. Ojalá tú _____.
3. Ojalá él _____.
4. Ojalá usted _____.
5. Ojalá nosotros _____.
6. Ojalá ellas _____.

11-25 Noticias. Escucha las siguientes noticias del mundo del espectáculo y luego completa tu reacción, según el modelo.

MODELO: Antonio Banderas dirigió una película.
Nos alegramos de que *Antonio Banderas hubiera dirigido una película.*

1. Fue muy triste que _____.
2. Me encantó que _____.
3. Nos alegró que _____.
4. No podía creer que _____.
5. Fue importante que _____.
6. Fue muy triste que _____.

APRENDAMOS 3

Expressing a sequence of events in the present and future: Sequence of tenses in the subjunctive (Textbook pp. 327–328)

11-26 Sueños. Patricia quiere dedicarse a la ópera y acaba de empezar a asistir a una escuela de canto. Conjuga los verbos correctamente según el contexto.

MODELO: Tan pronto como *haya terminado* (terminado) mis exámenes de canto, volveré a casa.

1. Para mí, es importante que (yo) _____ (lograr) entrar en esta escuela el mes pasado.

2. Me alegro de que el profesor me _____ (dar) el papel de Raquel en la zarzuela *El huésped del sevillano*.

3. No creo que mis compañeros de clase _____ (practicar) esta zarzuela anteriormente.

4. Dudo que mis amigos _____ (pensar) que algún día lograría realizar mi sueño.

5. Siento que mis padres no _____ (poder) asistir a la ópera de los estudiantes del mes pasado. Hubiera podido darles una idea de lo que estoy haciendo ahora.

11-27 Ayer, hoy y mañana. Ana y Laura acaban de volver del cine. Completa las siguientes frases con la forma del verbo más apropiada.

1. Ana: Me alegro de que _____ conmigo al cine.

   a. hayas venido   b. has venido

2. Ana: Lamento que no te _____ la película.

   a. ha gustado   b. haya gustado

3. Laura: No creo que _____ una película tan mala antes.

   a. he visto   b. haya visto

4. Ana: Siento que no _____ una película diferente.

   a. hayamos elegido   b. hemos elegido

5. Laura: La próxima vez, esperemos que _____ mejor.

   a. haya sido   b. sea

11-28 Una actriz de gran calidad. Ana lleva poco tiempo actuando pero está teniendo mucho éxito. Escucha las siguientes oraciones y luego cámbialas de acuerdo al modelo.

MODELO: Ella nunca ha tenido clases de teatro.
          Es increíble que *ella nunca haya tenido clases de teatro.*

1. Es lamentable que _____.

2. Me alegro de que _____.

3. Me sorprende que _____.

4. Es bueno que _____.

5. Es increíble que _____.

Conversemos sobre las lecturas

Ventana al mundo

El tango hoy se baila hasta en zapatillas (Textbook p. 330)

11-29 Tus conocimientos del tango. Probablemente ya sabes algo sobre el tango. Antes de ver el video, elige la opción que te parezca mejor para completar las siguientes frases.

1. La milonga es una canción y baile del Río _____ que influyó en la formación del tango.

   a. Grande   **b.** de la Plata   **c.** Amazonas

2. Se requiere mucha _____ para bailar el tango.

   a. práctica   **b.** publicidad   **c.** ropa de cuero

3. El tango es un baile muy _____.

   a. romántico   **b.** simple   **c.** político

4. Para bailar el tango, algunas personas usan _____ especial.

   a. voz   **b.** éxito   **c.** ropa

11-30 ¿Qué te dice el video? Al mirar el video, escribe las respuestas a las siguientes preguntas en los espacios en blanco.

1. A fines del siglo XIX, muchos inmigrantes de varios países _____ llegaron a Argentina.

2. Los inmigrantes se mezclaron con los grupos que ya estaban allí: españoles, _____ y africanos.

3. El tango nació de la mezcla de _____ de la música de cada grupo.

4. Uno de los instrumentos que se toca en el tango es el bandoneón, similar al _____.

5. Para bailar bien el tango, se necesita una _____ especial.

11-31 ¿Qué opinas tú? Contesta cada una de las siguientes preguntas en un párrafo de cinco a seis oraciones.

1. Imagínate que eres juez/a de un concurso de talentos y necesitas evaluar a una pareja bailarina especialista en el tango. ¿Cuáles son los elementos principales sobre los cuales la vas a evaluar, y por qué?

2. ¿Cuál es tu tipo favorito de música o de baile, y cuánto tiempo hace que te gusta? Explica tu preferencia de manera convincente.

3. Imagínate que estás "chateando" en Internet con un/a joven argentino/a que te dijo que le encanta bailar el tango. ¿Qué preguntas le harías para aprender más sobre este baile argentino?

_____

_____

_____

_____

_____

11-32 Cine. Mañana vas a alquilar el video *Fresa y chocolate* porque estás escribiendo un informe sobre el cine latinoamericano y alguien de tu familia te dejó la siguiente reseña. Di cuáles de las siguientes afirmaciones son ciertas o falsas, o si la información no se menciona de acuerdo a lo dicho en la reseña.

FRESA Y CHOCOLATE

Premios: Oso de plata y Premio Especial del Jurado, Festival de Berlín 1994; mejor guión, Festival de Cine Latinoamericano de La Habana, 1992.

Ficha técnica		**Actuaciones**	
Dirección	Tomás Gutiérrez Alea	Diego	Jorge Perugorria
	Juan C. Tabío	David	Vladimir Cruz
Guión	Senel Paz	Nancy	Mirta Ibarra
Fotografía	Mario García Joya	Miguel	Francisco Gatorno
Producción	Miguel Mendoza	Germán	Joel Angelino
Montaje	Miriam Talavera		
Música	José María Vitier		
Escenografía	Fernando O'Reylly		

Reseña

En 1993, Tomás Gutiérrez Alea y Juan Carlos Tabío dirigieron juntos la película que se convertiría en una de las más taquilleras de toda la historia del cine cubano. Gutiérrez Alea nació en La Habana y dirigió con mucho éxito tanto películas como documentales y cortometrajes durante su larga carrera cinematográfica. Es considerado como uno de los directores más influyentes en el cine latinoamericano. El guión de esta película está basado en el cuento "El lobo, el bosque y el hombre nuevo" con el cual el escritor Senel Paz ganó el Premio Juan Rulfo en 1990. Antes de ser llevado al cine, este cuento ya se había adaptado con éxito para teatro.

La película narra la historia de la amistad entre David y Diego. Diego es un artista homosexual que se siente atraído por David. David es un joven universitario, militante del partido comunista que ha sido abandonado por su novia recientemente. Aunque al principio David rechaza a Diego, con el paso del tiempo nace entre los dos una gran amistad, que logra trascender los estereotipos y las presiones sociales. Esta película es un gran llamado a la tolerancia y a la aceptación de las diferencias entre las personas.

---

1. La película fue dirigida por un director español.   Cierto   Falso   No se menciona

2. De acuerdo con el argumento, el protagonista se enamora de un joven comunista.   Cierto   Falso   No se menciona

3. La película fue producida por Tomás Gutiérrez Alea en 1928.   Cierto   Falso   No se menciona

4. El director de la película es considerado por muchos como el peor cineasta del mundo.   Cierto   Falso   No se menciona

5. Además de películas, Tomás Gutiérrez Alea ha realizado cortometrajes y documentales.   Cierto   Falso   No se menciona

6. El guión de "El lobo, el bosque y el hombre nuevo" fue escrito por Rulfo.   Cierto   Falso   No se menciona

7. El cuento de Senel Paz ha sido representado también en el teatro.   Cierto   Falso   No se menciona

8. Senel Paz es un escritor cubano.   Cierto   Falso   No se menciona

■ Avancemos con la escritura

11-33 Tu reseña. Ahora escribe una reseña similar a la que acabas de leer. Escoge una película del momento y completa la ficha.

Título de la película: _____

Premios: _____

Ficha técnica: _____

_____

_____

_____

_____

Ficha artística: _____

_____

_____

Sinopsis: _____

_____

_____

_____

_____

_____

_____

_____

_____

_____

_____

11-34 Dictado: El mundo en casa. Transcribe el fragmento del cuento que escucharás a continuación.

_____

_____

_____

_____

_____

_____

_____

_____

12   Hablemos de las celebraciones

■ En marcha con las palabras

En contexto: Los festejos (Textbook pp. 341–342)

12-01 Rompecabezas de palabras. Descifra las palabras a continuación relacionadas con las fiestas. Tienes la primera letra de la palabra como clave.

MODELO: IACHD   d *icha*

1. HECRODER   d _____

2. HEMOREBRACRAS   e _____

3. ARCÑIO   c _____

4. UCMLEPSOÑA   c _____

5. GELARRA   a _____

6. ELDISFE   d _____

7. BLOGO   g _____

8. DRINBIS   b _____

**12-02 Alegría y felicidad.** Escucha las siguientes palabras y conecta cada una con su sinónimo de la lista.

1. _____   **a.** gozar

2. _____   **b.** celebrar

3. _____   **c.** careta

4. _____   **d.** afecto

5. _____   **e.** hacer bromas

6. _____   **f.** estar contento

12-03 La boda. Rosario escribe en su diario lo que ha ocurrido durante la boda de su hermana. Completa lo que escribió con la palabra más adecuada. Haz los cambios necesarios.

El sábado pasado se casó mi hermana y, como a nosotros nos gusta (1) _____ (festejar / adorar) cualquier (2)_____ (acontecimiento / desfile) alegre, mis padres decidieron (3) _____ (cumplir años / hacer una gran fiesta) en honor a los novios. Mis padres (4)_____ (tener celos / convidar) a toda la familia y, por suerte, no faltó nadie. Yo me (5)_____ (asombrar / avergonzar) de que incluso viniera el hermano de mi madre que vive en Lima. El banquete fue estupendo y en la cena sobró muchísima comida y bebida. Mi padre, que es muy gracioso, empezó a (6) _____ (contar chistes / rezar) en la mesa y todos empezamos a reírnos. Al final del almuerzo, se levantó e (7) _____ (temer / hacer un brindis) por los novios. Todos los invitados alzaron las copas y dijeron "¡Vivan los novios!". Mi abuelo dijo que lo único que faltó en la boda fueron (8) _____ (fuegos artificiales / hilos) pero mi padre le explicó que los habría comprado si la boda no hubiera sido por la mañana.

12-04 Palabras relacionadas. Lee las siguientes listas de palabras relacionadas con las celebraciones, y selecciona la que no pertenece a cada grupo.

1. a. reunirse   b. convidar   c. murmurar

2. a. cariño   b. guirnalda   c. amante

3. a. euforia   b. júbilo   c. derroche

4. a. broma   b. chiste   c. beso

5. a. asombrar   b. festejar   c. celebrar

6. a. brindar por   b. gastar   c. alegría

12-05 ¿En qué piensas? Escucha las siguientes palabras. Luego asocia cada una con una palabra de la lista a continuación.

1. _____   a. cumpleaños

2. _____   b. rezar

3. _____   c. chiste

4. _____   d. antifaz

5. _____   e. brindis

12-06 La fiesta de cumpleaños. Describe una fiesta de cumpleaños ideal para un/a niño/a de seis años. Escribe un párrafo usando las siguientes palabras.

payaso	reunirse	disfrazarse	ruidoso	globo	guirnalda	alegrarse

_____

_____

_____

_____

_____

_____

_____

Nombre: _____   Fecha: _____

🔊 **12-07 Brindemos por tu felicidad.** Escucha las siguientes oraciones y decide si son lógicas o ilógicas.

1. lógica   ilógica
2. lógica   ilógica
3. lógica   ilógica
4. lógica   ilógica
5. lógica   ilógica
6. lógica   ilógica
7. lógica   ilógica
8. lógica   ilógica

🔊 **12-08 ¿Y tú?** Escucha las siguientes preguntas y responde oralmente de acuerdo a tu experiencia personal. Sigue el modelo.

MODELO: ¿Cuándo celebran su aniversario tus padres?
Mis padres celebran su aniversario el 10 de septiembre. o
Mis padres están divorciados y no celebran su aniversario.

1. …
2. …
3. …
4. …
5. …
6. …

🔊 **12-09 Las celebraciones hispanas.** Escucha el siguiente párrafo sobre cómo celebran los hispanoamericanos. Luego decide si las afirmaciones son ciertas o falsas, o si la información no se menciona.

1. A los hispanos sólo les gusta celebrar con ocasión de su cumpleaños.   Cierto   Falso   No se menciona
2. Las fiestas mexicanas suelen ser muy alegres y coloridas.   Cierto   Falso   No se menciona
3. En el Día de los Muertos, las familias mexicanas pasan toda la noche en el cementerio.   Cierto   Falso   No se menciona
4. Los habitantes de un pueblo celebran con mucha comida y bebida.   Cierto   Falso   No se menciona
5. Los pueblos más pobres no tienen recursos para celebrar fiestas.   Cierto   Falso   No se menciona
6. Los hispanos celebran por cualquier motivo festivo.   Cierto   Falso   No se menciona

🔊 **12-10 La Semana Santa.** La Semana Santa es una de las celebraciones más populares en España y en muchos países de Hispanoamérica. Escucha el siguiente anuncio sobre lo que ocurrirá durante la Semana Santa en Sevilla, y utiliza la información para contestar las siguientes preguntas.

1. ¿Qué entidad va a patrocinar las actividades de la Semana Santa?

_____

2. ¿Dónde tendrá lugar la misa del miércoles?

_____

3. ¿Quiénes están invitados al festival infantil del jueves?

_____

4. ¿A qué hora comenzará la procesión del Viernes Santo?

_____

5. ¿Dónde será la comida-merienda del domingo?

_____

6. ¿Qué pueden hacer las personas que necesiten más información?

_____

Ventana al mundo

El Día de los Muertos (Textbook p. 345)

12-11 Tus conocimientos del Día de los Muertos. Es posible que ya sepas algunos detalles del Día de los Muertos. Antes de ver el video, completa las siguientes oraciones con las palabras apropiadas.

azúcar	ofrenda	conquistadores	pan

1. Los orígenes del Día de los Muertos se remontan a la época pre-colombina de México, pero con la llegada de los _____ las fechas fueron cambiadas para coincidir con unos feriados religiosos cristianos en noviembre.

2. Unos días antes de la celebración, las familias instalan un altar en la casa para honrar a su difunto. Este altar se llama una _____.

3. La comida más típica de la celebración, el _____ de muerto, siempre se pone en el altar para el difunto.

4. Las calaveras son un gran símbolo del Día de los Muertos y suelen adornar hasta las tiendas. Muchas veces, se ponen calaveras de _____ con el nombre del difunto en los altares instalados en las casas.

12-12 ¿Qué te dice el video? Al mirar el video, escribe las respuestas a las siguientes preguntas en los espacios en blanco.

1. El Día de los Muertos, las familias van al cementerio y adornan la _____ de su muerto.

2. En los altares que se construyen en las casas, las familias colocan fotos y alimentos porque se cree que ese día los difuntos _____ para gozar de las cosas que les gustaban más durante la vida.

3. Otro elemento muy importante de la celebración es una buena comida familiar que consiste en tortillas, mole, _____ en salsas picantes y chocolate, entre otros.

4. Durante la comida los miembros de la familia recuerdan a sus muertos al contar historias y _____ de ellos.

5. Ya que durante la época pre-colombina los indígenas consideraban la muerte como el paso hacia una _____, la celebración del Día de los Muertos mantiene un elemento de festejo tanto como uno de solemnidad.

12-13 ¿Qué opinas tú? Contesta cada una de las siguientes preguntas en un párrafo de cinco a seis oraciones.

1. En tu cultura o en otra cultura que conoces, ¿qué manera(s) existe(n) de recordar a los difuntos? Compárala(s) con las tradiciones del Día de los Muertos.

2. Según el video, para el pueblo mexicano la muerte no es una ocasión morbosa. Analiza por qué el refrán "El muerto al cajón y el vivo al festón" caracteriza el Día de los Muertos.

3. La comida suele formar parte de muchos tipos de celebraciones en el mundo entero. Analiza su función como manera de unir a una familia a través de las generaciones al celebrar el Día de los Muertos.

_____

_____

_____

¡Sin duda! *(Textbook p. 346)*

12-14 Viaje a México. Rosa invita a su amiga a México. Completa el diálogo con los verbos **ir, venir, traer** y **llevar.**

ROSA: ¿Quieres (1) _____ a México a pasar las fiestas conmigo?

LÍA: Por supuesto. Me encantaría (2) _____ a visitarte. Quiero ver las Posadas, que nunca las he visto.

ROSA: Pues Héctor también está invitado. Él va a (3) _____ su coche, así que pueden viajar juntos, pero recuerda que es un coche pequeño y no le cabe mucho equipaje.

LÍA: No te preocupes, voy a (4) _____ sólo lo indispensable.

ROSA: Fantástico.

Así se dice *(Textbook p. 348)*

12-15 Ocasiones diferentes. En diciembre va a haber varios acontecimientos importantes en la familia de Rosa. Selecciona la expresión que Rosa va a usar en cada ocasión.

¡Feliz Navidad!	¡Felicidades!	¡Feliz cumpleaños!
¡Feliz Año Nuevo!	¡Feliz día del santo!	

1. El 12 es el día de la Virgen de Guadalupe en el calendario católico.
   La prima de Rosa se llama Guadalupe. ¿Qué le va a decir?

_____

2. El 14 de ese mes nació su hermano. ¿Qué le va a decir ese día?

_____

3. Rosa va a ir a la casa de sus tíos, que son católicos, el 25 de diciembre. ¿Qué les va a decir?

_____

4. El día 27 Guadalupe y su novio Juan se van a casar. ¿Qué va a decir Rosa en el brindis?

_____

5. La noche del 31 de diciembre, a las doce en punto, ¿qué les va a decir Rosa a todos?

_____

◼ Sigamos con las estructuras

REPASEMOS

Talking to and about people and things: Uses of the definite article (Textbook p. 350)

12-16 Un aniversario. Los padres de Lola celebraron la semana pasada su aniversario de 30 años de matrimonio. Completa la descripción de la fiesta de Lola con los artículos definidos donde sea necesario. Si no hace falta un artículo, escribe una X.

(1) _____ semana pasada, mis padres celebraron su aniversario de 30 años de

(2) _____ matrimonio. Hicieron una fiesta muy grande e invitaron a más de 300 personas.

(3) _____ fiesta se celebró en (4) _____ casa de campo de mis abuelos.

Es una casa muy grande en (5) _____ afueras de (6) _____ ciudad.

Contrataron a (7) _____ cocineros mexicanos porque mis padres se fueron de viaje de

novios a México. (8) _____ comida fue deliciosa. (9) _____ fiesta duró

hasta (10) _____ tres de (11) _____ mañana y todo

(12) _____ mundo se lo pasó muy bien.

12-17 El Día de los Muertos en México. Rosa acaba de pasar un semestre en México D.F. y cuenta su experiencia del Día de los Muertos. Escribe frases completas con los grupos de palabras a continuación. Añade donde sea necesario el artículo y las palabras que faltan.

MODELO: miembros / familia / se reunieron / en / cementerio
          Los miembros de la familia se reunieron en el cementerio.

1. había / flores naranjas / en / tumbas

   _____

2. familia / había traído / mucha / comida

   _____

3. Nadie / estaba / triste. / Todo / mundo / estaba / alegre.

   _____

4. Pasamos / ahí / toda / noche

   _____

5. Fue / experiencia / inolvidable / para mí

   _____

APRENDAMOS 1

Describing how things may be in the future, expressing probability: Future perfect
(Textbook p. 351)

12-18 Planes. Blanca y José piensan casarse, y Blanca tiene muchos planes para su nueva vida.
A continuación hay algunas de las cosas que Blanca piensa que habrán hecho los dos para una fecha
determinada. Escribe frases completas con las palabras a continuación utilizando el futuro perfecto, como
en el modelo.

MODELO: a finales de este mes yo / comprarse / coche
          A finales de este mes yo me habré comprado un coche.

1. a finales de este mes José / encontrar trabajo

_____

2. en julio del año que viene yo / terminar la maestría

_____

3. en septiembre próximo nosotros / ir a la Patagonia

_____

4. a finales del año próximo nosotros / casarse

_____

5. a finales de 2011 / nacer nuestro primer hijo

_____

12-19 La boda. Contesta las preguntas que escuches sobre la boda de Pedro y Clara, de acuerdo al modelo.

MODELO: ¿Se habrán casado?
          tener hijos
          Sí, se habrán casado y habrán tenido hijos.

1. encargar el pastel

_____

2. enviar las invitaciones

_____

3. contratar al DJ

_____

4. usar los zapatos

_____

5. poner las flores en el templo

_____

6. hacer los votos

_____

12-20 ¿Y tú? ¿Qué piensas tú que habrás podido hacer a finales de este año académico? Responde oralmente con cinco frases explicando lo que habrás hecho.

MODELO: *A finales de mayo, habré vendido mi coche y habré comprado uno nuevo.*

1. ...

2. ...

3. ...

4. ...

5. ...

APRENDAMOS 2

Talking about hypothetical situations in the past: Conditional perfect (Textbook p. 352)

12-21 La fiesta del pueblo. Hoy es la fiesta del pueblo de La Bodera y cada cual la celebra a su modo. Explica lo que habrían hecho ese día tú, tu amiga y otras personas en relación con las situaciones descritas. Usa el condicional perfecto.

MODELO: Juan bailó en una discoteca con la reina de las fiestas. (yo / bailar también con ella)
Yo habría bailado también con ella.

1. Alberto se emborrachó. (yo / no beber tanto)

   _____

2. Antonio discutió con su novia. (yo / no tolerar los gritos de mi novio/a)

   _____

3. David y Cristina gastaron mucho en la cena. (tú / no pedir / platos tan caros)

   _____

4. Mis padres se fueron a su casa antes de que empezara el desfile. (nosotros / quedarse hasta el final del desfile)

   _____

5. Rafa y Chus convidaron con cerveza a todos sus amigos. (yo / no gastar tanto dinero en cerveza)

   _____

12-22 Contreras. A estas personas les gusta llevar la contraria; siempre contradicen a los demás. Escucha cada oración. Luego, cámbiala de acuerdo al modelo.

MODELO: Ella fue a la fiesta patronal sin ti.
Mi amiga *no habría ido a la fiesta patronal sin mí.*

1. Ella _____.

2. Yo _____.

3. Mi hermana _____.

4. Ellos _____.

5. Mis amigos _____.

6. Mi novio y yo _____.

7. Mi hermano _____.

12-23 La lotería. Tu amiga acaba de ganar 100.000 dólares en la lotería. Con este dinero, ha comprado muchas cosas y ha decidido hacer un viaje por América Latina. Y tú, ¿qué habrías hecho con este dinero? Escribe cinco oraciones de cosas que habrías hecho.

Con 100.000 dólares, yo...

1. _____
2. _____
3. _____
4. _____
5. _____

APRENDAMOS 3

Discussing contrary-to-fact situations: *If* clauses with the conditional perfect and the pluperfect subjunctive (Textbook p. 353)

12-24 Las lamentaciones de Gustavo. Gustavo siempre dice que va a ir a fiestas, pero nunca va. El problema de Gustavo es que siempre se lamenta de no haber ido a las fiestas cuando éstas ya han pasado. Escribe lo que piensa Gustavo en cada caso.

MODELO: participar en los desfiles del carnaval / ir a Cádiz
Habría participado en los desfiles del carnaval si hubiera ido a Cádiz.

1. tomar fotos de las Fallas / ir a Valencia

   _____

2. bailar sevillanas durante la Feria de Abril / visitar Sevilla

   _____

3. divertirse en la verbena de San Isidro / viajar a Madrid

   _____

4. caminar sobre las brasas / estar en San Pedro Manrique

   _____

5. ver la catedral / hacer el peregrinaje a Santiago de Compostela

   _____

12-25 Si fuera..., Si hubiera sido... Escucha las siguientes oraciones y cámbialas de acuerdo al modelo.

MODELO: Si fuera feliz, no me separaría de mi novia.
Si hubiera sido feliz, no me habría separado de mi novia.

1. _____
2. _____
3. _____
4. _____
5. _____
6. _____

12-26 Los Sanfermines. Adela y Germán fueron este año a Pamplona para pasar las fiestas de San Fermín. Lee a continuación lo que les ocurrió allí y explica qué habría pasado en circunstancias diferentes.

MODELO: Adela y Germán viajaron a Pamplona en autobús porque no encontraron billetes de tren.
Si *hubieran encontrado billetes de tren, no habrían viajado en autobús.*

1. Adela y Germán fueron a Pamplona porque querían correr delante de los toros.

   Si no _____.

2. La primera noche durmieron en un parque público porque no encontraron ningún hotel.

   Si _____.

3. Al día siguiente se compraron pañuelos rojos porque se olvidaron los suyos en Madrid.

   Si no _____.

4. Adela no corrió delante de los toros porque no vio a ninguna mujer en el grupo de corredores.

   Si _____.

5. Germán tuvo que ir al hospital porque lo atropelló un toro.

   Si _____.

6. Germán pasó cuatro días en el hospital porque tenía algunas heridas de consideración.

   Si _____.

12-27 ¿Qué habrías hecho? Tu familia ha sido siempre muy abierta, pero ¿qué habrías hecho si hubiera sido autoritaria? Escucha las siguientes oraciones y contéstalas de acuerdo al modelo.

MODELO: ¿Qué habrías hecho si te hubieran obligado a levantarte temprano?
No *me habría levantado.*

1. No _____.

2. No _____.

3. No _____.

4. No _____.

5. No _____.

6. No _____.

■ Conversemos sobre las lecturas

12-28 Una familia típica. Ana y Paco celebran las fiestas navideñas como muchas familias españolas. Tú vas a vivir con ellos durante este año y Ana te ha explicado lo que hizo la familia la Navidad pasada. Lee su explicación y luego contesta las preguntas a continuación.

El día de Nochebuena Paco y yo cenamos con mi hija menor y su novio. Preparé unos entremeses, sopa de almendras y besugo al horno. Terminamos la cena con mazapán y turrón. Después, Paco y yo fuimos a la Misa de Gallo.

El día de Navidad mi hijo y su familia estuvieron en casa. Comimos mariscos, cordero asado y ensalada y, por supuesto, terminamos la comida con mazapán, turrón y champán.

El día de Nochevieja mi hija Marimar, mi yerno y mis tres nietos vinieron desde Barcelona, y se quedaron con nosotros por una semana. También la menor y el novio estuvieron aquí. Cenamos muy bien, y a la medianoche, como es tradicional, comimos las doce uvas mientras escuchábamos las campanadas del reloj de la Puerta del Sol. Al terminar, hicimos un brindis con champán. Después, mi hija menor Chus y su novio se fueron a una sala de fiestas a celebrar el Año Nuevo. Creo que no volvieron a casa hasta las ocho de la mañana.

El cinco de enero llevamos a mis tres nietos a ver el desfile con los tres Reyes Magos. Antes de acostarse, los tres pusieron los zapatos debajo de la ventana para que los Reyes les dejaran los regalos. Al día siguiente, el Día de Reyes, los niños se levantaron muy temprano y, al ver sus regalos, se pusieron muy contentos. Yo canté villancicos con ellos delante del belén y después todos desayunamos un delicioso roscón de Reyes. Al día siguiente Paco y yo nos quedamos solos, quitamos el belén y guardamos todas las figuritas hasta las próximas Navidades.

1. Explica qué día te habría gustado pasar con la familia de Ana durante las festividades pasadas y por qué.

   _____

   _____

2. Di qué crees que habrán hecho Chus y su novio el Día de Año Nuevo y qué habrías hecho tú.

   _____

   _____

3. Si hubieras estado con la familia de Ana y Paco el 25 de diciembre, ¿qué platos típicos de tu país habrías preparado tú? Da detalles.

   _____

   _____

4. Busca en Internet cuáles son los ingredientes del mazapán. ¿Crees que te habría gustado comerlo durante las Navidades? ¿Por qué?

   _____

   _____

   _____

Avancemos con la escritura

12-29 Tu fiesta. Ahora describe tú la última fiesta que hayas festejado. Da detalles como lo ha hecho Ana en el ejercicio anterior.

_____

_____

_____

_____

_____

_____

_____

12-30 Hablemos de ti. Hemos estado hablando de cómo celebran los hispanoamericanos. Seguramente a ti te gusta celebrar de una forma diferente. Escucha las siguientes preguntas y contéstalas detalladamente. Recuerda que no hay respuestas correctas o incorrectas, son simplemente tus opiniones.

MODELO: ¿Qué fiesta celebran tú y tu familia durante el invierno?
Mi familia y yo celebramos la Navidad.

1. _____

_____

2. _____

_____

3. _____

_____

4. _____

_____

5. _____

_____

6. _____

_____

12-31 Dictado: Cleopatra. Transcribe el fragmento del cuento "Cleopatra" que escucharás a continuación.

_____

_____

_____

_____

_____

_____

_____

Repaso 4

R04-01 Los problemas de Alfredo. Alfredo está hablando con su hermano Valentín sobre sus problemas en el trabajo. Completa su conversación con las palabras correctas. Haz los cambios necesarios.

VALENTÍN: El otro día leí rápidamente los (1) _____ (titular/ autógrafo) del periódico *La Nación* y fue así como me enteré de que la empresa donde trabajas está en crisis.

ALFREDO: La verdad es que a mí me afecta tanto que no quiero ni pensar en eso.

VALENTÍN: Pero me imagino que los directivos de la empresa (2) _____ (abarcar / reunirse) muy pronto para decidir qué hacer, ¿no?

ALFREDO: Supongo. Espero que ellos (3) _____ (tratar de / arrepentirse de) encontrar una solución pronto porque, si no, me veo buscando trabajo otra vez. Mañana mismo debería empezar a mandar mi currículum a otras empresas porque temo que ellos ya no me puedan (4) _____ (garantizar / colocar) mi puesto.

VALENTÍN: Mira, Alfredo, no te preocupes. (5) _____ (valer la pena / brindar por) esperar un poco a ver lo que pasa. Seguramente la próxima semana los directivos (6) _____ (anunciar / alegrarse) en los (7) _____ (medios de comunicación / escenarios) cuáles son sus planes para resolver la situación de la empresa y los trabajadores.

ALFREDO: Ojalá…Yo estaría (8) _____ (dichoso / solitario) si eso ocurriera.

R04-02 Concurso de televisión. En el nuevo concurso "Pido la palabra" hay que dar el término que corresponde a la definición. Tú vas a participar en ese concurso; escribe el término correcto en los espacios en blanco.

Definiciones	Palabra
1. La música que corresponde a una película:	_____
2. Sinónimo de computadora:	_____
3. Texto escrito que se usa en una película o en un programa de radio o televisión:	_____
4. Lo opuesto a encender:	_____
5. Persona que interpreta canciones:	_____
6. El billete que necesitas para entrar al cine:	_____
7. Hacer ruido juntando las palmas de la mano para mostrar que nos gustó algo:	_____
8. Los títulos más importantes del periódico:	_____
9. El personaje principal de una obra:	_____
10. Hacer algo más pequeño:	_____

R04-03 Un día muy ocupado. Cuando Cecilia llega a casa por la noche, siempre le cuenta a Pablo cómo le ha ido durante el día. Usa el pretérito perfecto para escribir lo que le cuenta Cecilia a Pablo.

MODELO: hoy / tener / un día regular
Hoy he tenido un día regular.

1. el autobús / tardar / más de lo normal

_____.

2. en el trabajo / nosotros / tener / una asamblea

_____.

3. el jefe / llamar / a algunos trabajadores

_____.

4. a la hora del almuerzo / nadie / quedarse / a comer / en el comedor de la empresa

_____.

5. después del almuerzo / yo / escribir / un informe

_____.

6. y tú / ¿ qué / hacer / hoy?

_____.

R04-04 Amores y desamores. Carmen es una actriz famosa. Sus amigos están hablando de algunos momentos de su vida. Usa el pluscuamperfecto y los datos a continuación para escribir lo que dicen los amigos.

30 de junio de 1988: graduación de Miguel

15 de marzo de 1990: primer encuentro de Miguel y Carmen

20 de junio de 1992: boda de Miguel y Carmen

30 de abril de 1994: nacimiento de su primera hija

16 de agosto de 1996: divorcio de Carmen y Miguel

1997: primera película de Carmen

1999: premio Goya a la mejor actriz

MODELO: *Cuando Carmen conoció a Miguel, él ya se había graduado.*

1. _____

2. _____

3. _____

4. _____

5. _____

R04-05 La búsqueda del empleado perfecto. En la empresa LAGSA necesitan un nuevo empleado. Completa lo que dice el director de la empresa en relación con las entrevistas y los candidatos. Usa el presente perfecto del subjuntivo.

1. Me alegro mucho de que ustedes ya _____ (tomar) la decisión sobre quién va a ser el futuro responsable del área de ventas.

2. Al Señor López le habrá molestado que nosotros no _____ (elegir) a su amigo para el puesto.

3. Lamento que ustedes no les _____ (decir) a todos los candidatos que buscábamos un economista, no un político.

4. Me sorprende que no _____ (presentarse) más candidatos para este puesto. Afortunadamente, parece que han encontrado al empleado ideal.

R04-06 Una entrevista en la radio. Dani acaba de ganar una beca para irse al extranjero por un año entero. La radio de la universidad le hizo una entrevista la semana pasada. Completa las siguientes frases con el verbo en el pluscuamperfecto del subjuntivo.

1. Me alegré de que el comité de selección me _____ (elegir) para esta beca.

2. Mis padres y yo no podíamos creer que me _____ (tocar).

3. Fue una lástima que mi amigo Francisco no _____ (presentarse) al mismo tiempo que yo. Tal vez (nosotros) _____ (viajar) juntos.

4. No conocía a nadie de nuestra universidad que _____ (obtener) esta beca antes.

5. Ojalá lo _____ (intentar) el año pasado. Quizás me _____ (poder) ir dos veces.

R04-07 La despedida de soltera. Olga está hablando por teléfono con Ema y le dice lo siguiente sobre la despedida de soltera que le quieren hacer a su amiga Raquel. Une la información de las dos listas y conjuga los verbos correctamente según los casos. Usa la siguiente información como referencia.

Ema le dijo a Olga que ya había mandado las invitaciones, pero nadie llamó para confirmar que venía a la fiesta. Necesitan saber el número de personas que van a venir para calcular cuánta comida hace falta. La hermana de Raquel está enferma y no puede moverse de la cama. Ahora están pintando el comedor, la cocina y la sala. Al final todo saldrá bien.

MODELO: Espero que al final / todo salir bien
          Espero que al final todo salga bien.

A	B
1. Pediremos la comida cuando	(nosotros) saber / quiénes van a venir
2. No creo que	la hermana de Raquel / poder venir
3. Dudo que	(tú) mandar / las invitaciones a toda la gente
4. Limpiaremos la casa en cuanto	los pintores / terminar
5. Espero que	las invitaciones / no perderse
6. Me sorprende	nadie / responder todavía

1. _____

2. _____

3. _____

4. _____

5. _____

6. _____

R04-08 Cuando tenga 30 años... Emilia está pensando en todo lo que habrá hecho cuando tenga 30 años. Completa las siguientes frases según el modelo.

MODELO: Cuando tenga 30 años, *habré visitado* (visitar) Europa.

Cuando tenga 30 años...

1. (yo) _____ (conocer) al hombre de mi vida.

2. (nosotros) _____ (casarse).

3. (yo) _____ (comprar) una casa grande cerca de la playa.

4. (yo) _____ (vivir) dos años en Tailandia.

5. (nosotros) _____ (viajar) por el mundo entero.

R04-09 Mi mejor amigo. Tu mejor amigo tiene muchas oportunidades en su vida, pero tú y él son muy diferentes y no estás de acuerdo con las decisiones que él ha tomado hasta ahora. Lee las siguientes oraciones y transforma cada una según el modelo, para indicar lo que tú harías si fueras él.

MODELO: Mi mejor amigo nunca ha aceptado las ofertas de trabajo.
           Yo habría aceptado las ofertas de trabajo.

1. Mi mejor amigo no ha devuelto las llamadas de su colega de trabajo.

   _____

2. Mi mejor amigo no ha intentado mantener buenas relaciones con la familia.

   _____

3. Mi mejor amigo nunca ha querido conocer a nadie interesante.

   _____

4. Mi mejor amigo no ha estudiado nunca para los exámenes.

   _____

5. Mi mejor amigo no ha pasado las últimas Navidades con sus padres.

   _____

R04-10 Dinero mal empleado. El padre de Armando habla sobre la mala experiencia que tuvieron él y su hijo cuando colaboraron en una película que fue un fracaso. Explica qué habría pasado si no se hubieran dado las circunstancias descritas. Sigue el modelo.

MODELO: Mi hijo había escrito el guión y por eso yo produje esa película.
  Si mi hijo no hubiera escrito el guión, yo no habría producido esa película.

1. Los actores no sabían sus papeles y por eso tardaron en filmar algunas escenas.

_____

2. En la película no había actores famosos y por eso nadie fue a verla el día del estreno.

_____

3. La película recibió malas críticas porque la dirección fue mala.

_____

4. Algunas escenas estaban mal filmadas porque el director no tenía experiencia.

_____

5. Yo no escuché a mi esposa y perdí dinero inútilmente.

_____

6. Mi hijo tuvo tan mala experiencia con esta película, que dejó de escribir guiones.

_____

Notes

Notes

Notes

Notes

Notes

Notes